À vous qui lisez ces pages,
rappelez-vous qu'un cadeau,
un merci, un sourire ou une
gentille attention peut embellir
votre vie et celle des autres ! Merci.
Stefano.

TEXTE : Stefano Grimelli
ILLUSTRATIONS : Archives Giunti/Desirée Gedda
TITRE ORIGINAL : *Furoshiki. l'arte giapponese di fare pacchetti regalo*

Firenze - Milano
www.giunti.it

Pour la version française :

ÉDITIONS
PLACE DES
VICTOIRES

6, rue du Mail – 75002 Paris
www.victoires.com
Mise en page : Mathilde Decorbez
ISBN : 978-2-8099-1980-6
Dépôt légal : 3e trimestre 2023
Achevé d'imprimer en mai 2023 par Denona (Croatie).

STEFANO GRIMELLI

FURO SHIKI

L'emballage cadeau écolo à la japonaise

ÉDITIONS
PLACE DES
VICTOIRES

SOMMAIRE

風呂敷

LES FUROSHIKI

PRÉFACE

Il était une fois… un morceau de tissu.
Car, finalement, c'est ce qu'est le *furoshiki* : un morceau de tissu, mais un tissu très pratique qui embellit ce qu'il enveloppe, lui conférant beauté et élégance.
Saviez-vous que l'utilisation de ce « morceau de tissu » remonte à plus de mille trois cents ans ?
Lorsque j'ai commencé à pratiquer les arts martiaux japonais, l'aïkido et le ninjutsu, en fréquentant les dojos, je me suis lentement approché de l'esprit zen, puis de la méditation zen, pour finalement, entre les rituels et les *kata,* m'immerger dans ce monde.
C'est quand j'ai assisté à un séminaire sur le Dharma que j'ai vu, pour la première fois, un *furoshiki* : après une pratique de *zazen*, alors que nous écoutions le moine, d'autres moines sont arrivés pour offrir le thé, portant… un *furoshiki*. Voir le moine gracieusement défaire ce foulard et le disposer comme un napperon pour y placer la tasse et la théière a été une révélation pour moi.
Tout était si simple et élégant ! Pourtant, rien n'avait été laissé au hasard, ni le tissu, ni l'imprimé, ni le nœud. Après le séminaire, je me suis empressé auprès du moine pour obtenir le plus d'informations possible.
Ce que j'ai appris depuis, vous le découvrirez dans ces pages. Je suis sûr que vous serez fasciné autant que moi et que, après avoir mis en pratique les notices de ce livre, vous ne pourrez plus jamais emballer un cadeau autrement qu'avec un *furoshiki*, comme vous ne pourrez plus transporter autrement des objets, voire vos courses ! Vous organiserez excursions et promenades juste pour le plaisir de dénicher des matériaux naturels et vous irez même jusqu'à emballer ainsi la nourriture pour les pique-niques.
Bienvenue dans le monde du *furoshiki* !

FUROSHIKI STORY

風呂敷

L'histoire du *furoshiki* est à la fois fascinante et mystérieuse. Son nom comme son utilisation ont évolué au fil du temps. À l'origine simple « paquet » destiné à « recouvrir » ce qu'il contient et à passer inaperçu, il est alors appelé *tsutsumi*, de *tsutsumu*, « envelopper ».

Au Japon, berceau du *furoshiki*, c'est à l'époque Nara (710-794) que l'on trouve les premières traces de son utilisation (en Europe, cette période correspond au milieu du haut Moyen Âge). En ce temps-là, le *tsutsumi* (paquet) ne sert qu'à envelopper les biens personnels et les objets à livrer. Il n'est pas encore carré comme le *furoshiki* que nous connaissons, car il est fabriqué à partir de rouleaux de tissu utilisés pour confectionner les kimonos. Il possède donc une forme légèrement rectangulaire et est mesuré en *haba*, d'après l'unité de mesure utilisée pour les vêtements, le *hito-haba* (largeur d'homme). Pour transporter futons ou autres grands objets, plusieurs *furoshiki* sont cousus ensemble, et leur nom indique la largeur, c'est-à-dire combien de *haba* sont nécessaires.

À la période suivante, c'est-à-dire l'époque Heian (794-1185), le *tsutsumi* est de plus en plus utilisé pour envelopper les vêtements dans les *sento* (bains publics) et commence à être appelé *komoro tsutsumi* (paquet de vêtements). À l'époque, les nobles et toutes les castes importantes fréquentent les *sento* ou les *onsen* (sources thermales). Dans les deux lieux, on utilise une petite serviette que l'on place sous les pieds en se déshabillant, puis on y emballe les vêtements et on ferme le tissu en faisant des nœuds. Peu de temps après, le premier *furoshiki* sans nœud apparaît : il est sans relief et prend le nom de *hira tsutsumi*, nom qu'il conserve encore aujourd'hui.

Avec l'époque Edo (1600-1868) et la croissance du marché, du nombre de marchands et de marchandises, le *furoshiki* devient de plus en plus populaire. C'est alors qu'il prend son nom actuel, bien que, d'après certains écrits, le terme aurait peut-être déjà été employé à l'époque Muromachi (1333-1573). Quoi qu'il en soit, l'utilisation des *sento* se développant, le *tsutsumi* devient le moyen de transporter les vêtements mouillés au retour des bains, mais fait aussi office de serviette au bord des bains d'eau chaude.

C'est pour cette raison que le *tsutsumi* est rebaptisé *furoshiki,* qui signifie littéralement « serviette de bain » : *furo* se traduit par « bain », tandis que *shiki* (du verbe *shiku*) veut dire « s'étendre » ou « s'allonger ».
Mais le *furoshiki* s'avère tellement pratique pour transporter toutes sortes d'objets qu'il n'est bientôt plus uniquement un contenant pour vêtements et une serviette de bain. Négociants, marchands, *maiko* (apprenties geishas), nobles, gens ordinaires : tous se promènent avec les *furoshiki* les plus divers, certains portant même le blason de la famille brodé sur un coin. Les estampes et les peintures de Kubo Shunman, Hiroshige ou Hokusai montrent des *furoshiki* : ils servent à transporter de la nourriture vers un lac ou prennent l'apparence de grands colis marchands.

De simple tissu, le *furoshiki* se transforme en véritable bijou, acquérant toujours davantage de valeur. Aujourd'hui, au Japon, il existe des personnes spécialisées dans la création de tissus raffinés, comme la soie, ainsi que des artistes qui fournissent des impressions personnalisées et originales. Au fur et à mesure qu'il devient un objet d'usage courant, plusieurs modèles voient le jour, différents par le tissu utilisé : étoffes recyclées et colorées avec des teintures naturelles, soie tissée à la main et imprimée avec les techniques du *yuzen* ou du *hikisome*, sans oublier le célèbre imprimé *shibori*. À partir du dessin, de la nature du tissu et du procédé de tissage, on peut déterminer le statut social de la personne qui possède le *furoshiki*.

À partir des années 1950, le *furoshiki* connaît une période de déclin, les sacs et sachets en plastique ayant supplanté ceux en tissu. Il est encore utilisé, mais moins qu'avant, seulement dans certaines situations et surtout uniquement par les plus traditionalistes.

Au fil des siècles, les *furoshiki* se sont diversifiés, tant par le nœud utilisé, les techniques d'impression que les types de tissus : soie, lin, coton, tissus végétaux (dérivés de la pulpe d'arbre et des déchets de céréales), sans oublier la toile de papier. Bien sûr, on peut aussi trouver des tissus synthétiques, mais je n'en parlerai pas dans ce livre. C'est une question de *mottainai* !

« *Mottainai* » est un terme également utilisé dans la philosophie bouddhiste pour désigner le sentiment de regret que l'on éprouve face à un déchet, *Mottai* signifiant « importance » ou « caractère sacré » et *nai* « manque de quelque chose ». Le mot qu'il forme donne l'expression « Quel gaspillage » ou « Ne gaspillez pas ». La démarche du *mottainai* est d'utiliser un objet prêt à être jeté ou mis au rebut pour une autre fonction (par exemple, un bocal en verre peut devenir un vase de fleurs sauvages). Par extension, ce mot indique un manque de respect pour les « choses », considérées comme des objets sans valeur.

En mars 2006, la ministre de l'Environnement, Yuriko Koike, a créé un *furoshiki*, qu'elle a appelé *Mottainai furoshiki*, pour promouvoir son utilisation écologique et durable à la place des sacs en plastique.

Et comment ne pas être de son avis ? Le *furoshiki* est bon marché, durable, maniable, recyclable, créatif, pratique, élégant, artisanal, historique, poétique, artistique, original, idéal pour le transport et l'emballage, et surtout moderne ! Faut-il en dire davantage ?

FUROSHIKI ET DURABILITÉ

Au Japon, on trouve des *furoshiki* dans tous les magasins et dans différentes tailles : des plus petits (35 x 35 cm ou 40 x 40 cm), principalement utilisés pour emballer des enveloppes contenant de l'argent ou des cartes de remerciement – les *fukusa* –, jusqu'aux plus grands de 2 x 2 m, voire plus, surtout employés à la maison pour ranger les objets encombrants lors du changement de saison, comme les couvertures et les couettes, mais aussi les futons, ou dans les dojos zen, les coussins zafu pendant le *samu*, une pratique méditative liée au nettoyage.

En Europe, on commence à les trouver dans les boutiques vendant des articles en provenance du Japon et il est aussi possible de les commander en ligne, mais dans ce livre vous apprendrez à vous procurer les bons tissus à un prix aussi bas que possible, voire gratuitement, et à les décorer de manière écologique et durable. Vous pouvez dénicher des chutes de tissu de bonne qualité sur les marchés et même dans les magasins spécialisés à des prix vraiment intéressants. Personnellement, je n'ai jamais acheté un *furoshiki* vendu comme tel.

Dernièrement, j'ai acheté un morceau de toile de lin couleur corde, de 4 x 2 m, trouvé dans le grenier d'une très vieille ferme. Il était abîmé mais il avait une histoire et celui qui l'a tissé il y a cent ans n'aurait certainement jamais imaginé qu'il deviendrait un paquet à la japonaise !

De la même façon, vous pouvez créer des *furoshiki* à partir de vieux vêtements, de draps, de nappes dont vous ou vos amis n'avez plus l'usage. Vous pouvez même les fabriquer à partir de serviettes ! Pensez qu'avec un coupon de tissu de 240 x 260 cm, vous pouvez couper 16 *furoshiki* de 60 x 60 cm, le format le plus couramment utilisé.

Quant à la teinture (couleur, impressions et décorations), n'achetez pas de couleurs toutes faites ou de tampons, mais fabriquez-les vous-même !

Il est préférable de préparer un *furoshiki* sans attendre une occasion particulière. Ainsi, quand vous avez trouvé le tissu qui vous convient, découpez-le aux formats de

SAC ÉCO

De nouvelles méthodes de création de *furoshiki* ont donné naissance à des sacs faciles à réaliser à l'aide de simples nœuds.

Ils sont rapides à fabriquer et très utiles. Vous pouvez par exemple utiliser un foulard pour transporter un achat imprévu et, bien sûr, pour emballer un cadeau. À la fin du livre, vous trouverez les indications pour réaliser ces sacs (et même un sac à dos !).

base adaptés plus ou moins à tout : 50 x 50, 60 x 60, 70 x 70 et 90 x 90 cm, et prévoyez-en aussi de 1 x 1 m ; teignez-les au fur et à mesure que vous trouvez les couleurs, et décorez-les quand vous dénichez les bons tampons. Si vous souhaitez décorer les tissus uniquement à partir de ce que vous pouvez cueillir dans la nature, il vous sera impossible de faire tout en une seule fois et tout de suite. Bien sûr, on peut désormais trouver des myrtilles toute l'année dans les magasins, mais il est préférable de les utiliser pour la teinture des tissus (et aussi de les consommer !) uniquement à la bonne saison, au moment où elles sont mûres dans la nature.

LA MAGIE DU NŒUD

Le nœud pour le *furoshiki* est fondamental, sauf pour la version *hira tsutsumi*, évoquée plus haut. La création et le choix du nœud font partie du rituel et de l'art d'offrir un cadeau.

Le nœud est devenu un symbole : il renferme et protège le cadeau, mais il vous ramène aussi à l'instant présent. Sans lui, vous ouvririez sans réfléchir le paquet. Au lieu de cela, vous devez vous arrêter, dénouer le nœud, vous concentrer sur le cadeau et le moment présent.

Avec le bon nœud, qu'il soit simple ou élaboré comme un nœud de fleur, très serré ou facile à dénouer d'un seul geste, nous pouvons réaliser de très belles créations. Le nœud, dans cette signification, est appelé *ma musubi* en japonais.

Dans la deuxième partie du livre, vous apprendrez quel nœud utiliser en fonction de l'objet à recouvrir. Tandis que les pages qui suivent détaillent pas à pas la bonne manière de faire un nœud.

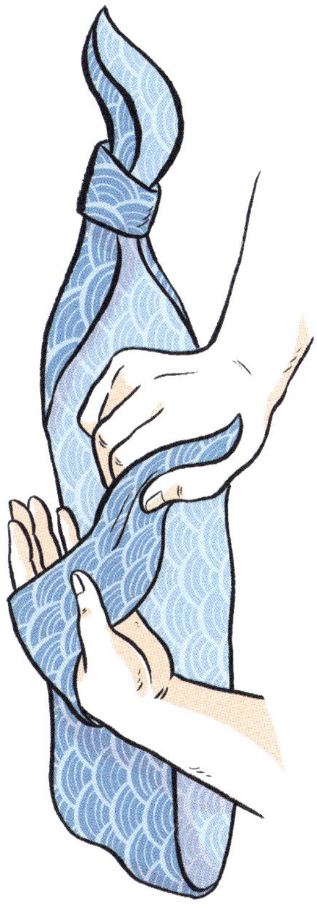

LES PRINCIPAUX NŒUDS

À l'exception du *hira tsutsumi*, les *furoshiki* possèdent des nœuds. Les deux plus couramment utilisés sont appelés ma *musubi* et *hitotsu musubi*. Voici comment les réaliser.

MA MUSUBI

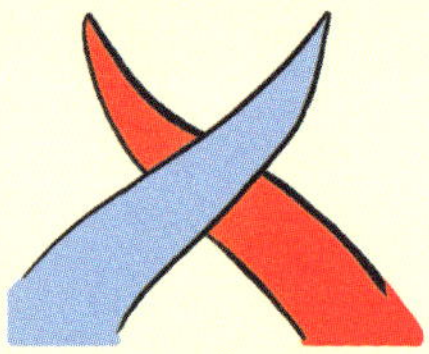

1. *Croisez la pointe A (en bleu) sur la pointe B (en rouge).*

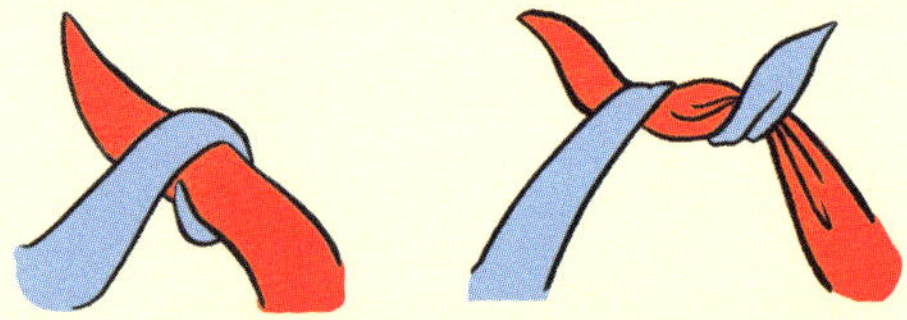

2. *Enroulez la pointe A autour de la pointe B.*

3. *Passez à nouveau la pointe A sur le bout de la pointe B.*

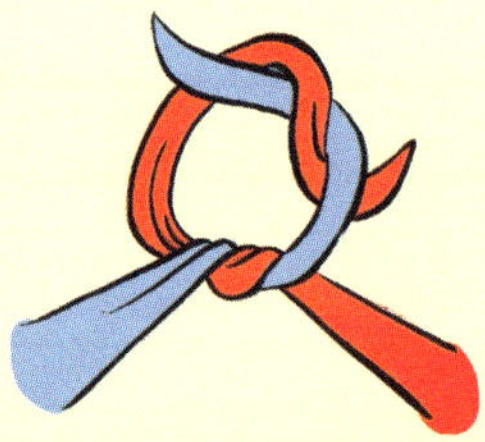

4. *Passez la pointe B à l'intérieur de la boucle qui aura été formée.*

5. *Tirez les deux pointes dans des directions opposées.*

6. *En les regardant d'en haut, les extrémités des deux pointes nouées doivent être horizontales et non verticales.*

Dénouer un nœud doit également être un geste simple et élégant.

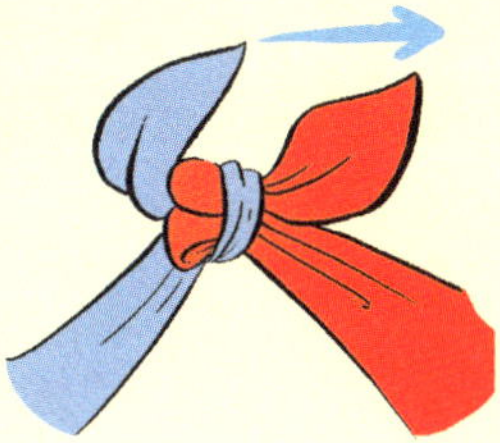

7. *Prenez la pointe A et ramenez-la vers la pointe B.*

8. *Vous aurez alors les deux pointes à droite, et le dessous du nœud bien visible. Prenez et tirez la pointe B dans le sens indiqué par la flèche.*

9. *... et le nœud se défait facilement.*

HITOTSU MUSUBI

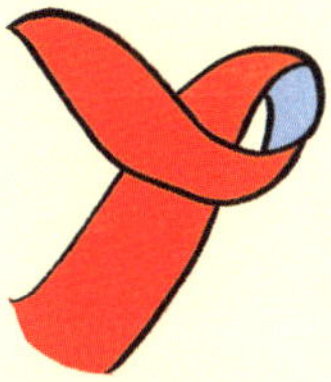

1. *Prenez une pointe de tissu et créez une boucle. Ce nœud peut être réalisé avec une seule ou deux pointes.*

2-3. *Enfilez ensuite l'extrémité de la pointe dans la boucle. Tirez sur la pointe et formez le nœud. Un conseil : ne faites pas le nœud trop serré, sinon vous aurez du mal à le défaire.*

FUROSHIKI & CO

風呂敷

Vous trouverez ci-dessous une liste de morceaux de tissu adaptés au *furoshiki*, souvent utilisés pour en réaliser, mais qui ont été créés pour d'autres fonctions ou dans d'autres pays, à l'exception du dernier exemple, qui est entièrement naturel. Ainsi, vous aurez une idée plus large de l'histoire du *furoshiki* et davantage d'idées sur la façon de travailler votre propre « art du cadeau ».

TENUGUI

C'est à l'époque Heian (794-1185) qu'apparaît le *tenugui*, une autre pièce de tissu mais de forme rectangulaire, mesurant 30 x 90 cm ou 35/40 x 100 cm. Très polyvalent, il peut servir de bandeau ou de ceinture, bien qu'il ait été principalement utilisé pour le séchage et le nettoyage (*te* signifie « main » et *nugui* « séchage »).
Aujourd'hui encore, les *tenugui* sont des cadeaux et souvenirs très recherchés, en particulier ceux qui ont été décorés et teints selon la technique du *chusen*, un procédé complexe et très ancien – requérant des motifs en réserve protègeant la couleur du tissu – qui donne un rendu très apprécié des Japonais et des amateurs de *wabi-sabi*.
Le *tenugui* est souvent confondu avec le *furoshiki* car il est également utilisé comme écharpe, bandana ou emballage cadeau, mais n'oubliez pas : le *furoshiki* est toujours carré !

BOJAGI / POJAGI

Ce sont des carrés de tissu de différents types qui proviennent de Corée. Leur histoire est également ancienne et l'on peut déterminer leur provenance grâce à leurs couleurs, leurs imprimés et le nombre de pièces de tissu qui les composent.

Ils sont divisés en *bojagi kungbo* et *bojagi subo* et diffèrent par le type de tissu et le choix du motif, dictés par leur utilisation (qui peut aussi être un emballage cadeau, comme le *furoshiki*). Et puis il y a les *bojagi jogakbo,* les plus populaires et que, personnellement, je trouve les plus beaux, entièrement réalisés à partir de morceaux de tissu de différentes tailles et couleurs, tous récupérés lors de la fabrication de vêtements et de linge de maison. Ces pièces constituées de chutes font de merveilleuses écharpes ! Certaines d'entre elles se trouvent dans des musées du monde entier et leur création est désormais considérée comme un art.

Les *bojagi jogakbo* ne servent pas seulement à emballer les cadeaux. De nombreux touristes les achètent comme accessoires d'ameublement : une fois placés devant les fenêtres, ils filtrent la lumière et illuminent la pièce de mille couleurs. De plus, comme ils sont fabriqués à partir de chutes ou de déchets, ce sont des pièces uniques qui élèvent le recyclage en art.

FUKUSA

Ce mouchoir en soie carré est traditionnellement utilisé dans la cérémonie du thé, *chanoyu* ou *chado* (la voie du thé), pour nettoyer la boîte à thé (*chaki*) et la cuillère utilisée pour récupérer la poudre (*chashaku*). *Fukusa* désigne aussi le petit mouchoir de soie brodé qui enveloppe les cartes de remerciement et les pochettes contenant de l'argent, comme le *shugi bukuro* utilisé lors des mariages, le *pochi bukuro* pendant le Nouvel An japonais et le *koden bukuro* lors des funérailles. Selon le type d'enveloppe et l'occasion, le tissu est brodé de différents motifs et symboles.

FUKUSA : LES PLIS

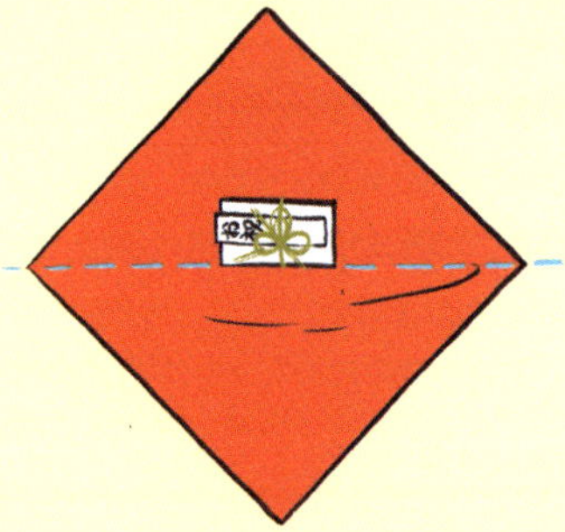

1. *Étalez le mouchoir en diagonale afin qu'il forme un losange et placez la carte au centre, au-dessus de la ligne centrale.*

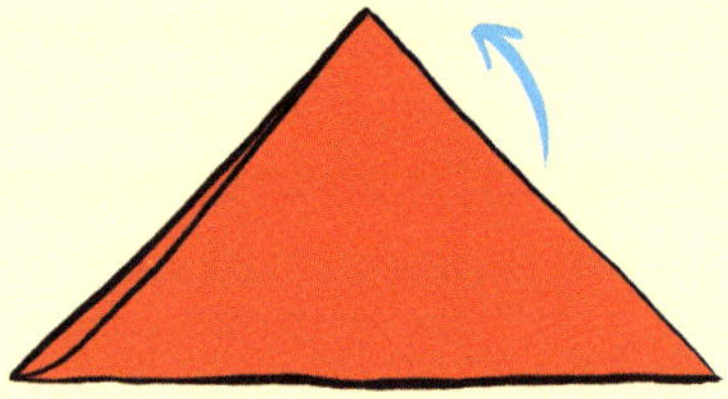

2. *Repliez la pointe du bas sur celle du haut pour former un triangle.*

3. *Pliez ensuite la pointe gauche vers la droite, sans atteindre la pointe côté droit.*

4. *Pliez la pointe droite vers la gauche. Elle ne doit recouvrir que partiellement la pointe gauche.*

5. *Repliez à nouveau le côté droit pour obtenir une forme rectangulaire (mais en conservant une pointe en haut). Ramenez ensuite la partie inférieure du rectangle à la base de la pointe.*

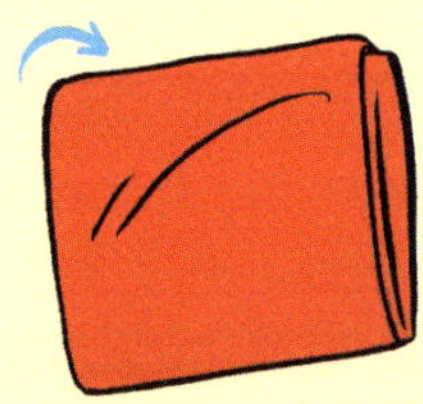

6. *Fermez l'enveloppe en insérant la pointe à l'intérieur de la fente créée par les rabats. Le pliage est terminé et il ne reste plus qu'à décorer l'enveloppe, si vous le souhaitez.*

L'ART D'OFFRIR DES CADEAUX

風呂敷

QU'EST-CE QU'UN CADEAU ?

Le cadeau se résume-t-il à l'objet que vous offrez ? Ou bien naît-il plutôt lorsque nous commençons à penser à la personne à qui nous allons l'offrir ? Tous ceux qui ont l'habitude d'imaginer le moment où ils offrent un cadeau et le bonheur de la personne qui le reçoit savent la joie que cela procure. Cela leur donne la motivation de rechercher toujours plus soigneusement le cadeau idéal pour chacun. Et puis il y a le rituel de la confection du paquet : le choix du tissu, du motif, de la couleur, de la carte qui l'accompagne : tout cela n'est-il pas déjà un cadeau ? Même après avoir été offert, le cadeau reste : il crée des émotions et des souvenirs.

Alors, quand un cadeau commence-t-il et quand finit-il ? Il n'y a peut-être pas de réponse unique à cette question, mais elle nous fait prendre conscience de l'importance du *don*. Le cadeau n'a pas à être coûteux, un simple bouquet de fleurs sauvages fait son effet. En de nombreuses occasions, c'est le geste qui compte : lorsque vous offrez quelque chose d'inattendu, arrêtez-vous et regardez le visage du destinataire et vous comprendrez l'importance de votre geste.

Offrez des cadeaux surprises et inattendus quand vous en avez envie, n'attendez pas avec une rigueur consciencieuse qu'une date soit fixée ou qu'une fête particulière vous dise quand et comment le faire !

QUELQUES RECOMMANDATIONS

Offrir un cadeau devient presque un acte responsable et notre geste doit respecter certaines règles. Examinons les plus importantes.

Il faut d'abord savoir ce qu'aime la personne à qui l'on va offrir le cadeau, puis évaluer l'occasion : une invitation à dîner ou un repas de Noël, par exemple. La personne reste la même, mais la situation est complètement différente.

En ce sens, faire des listes peut nous aider à faire un meilleur choix.

* Munissez-vous donc d'un papier et d'un stylo et notez ce que vous pouvez offrir à cette personne en cette occasion, puis demandez-vous si ce que vous avez listé correspond à ce que vous êtes, car le cadeau doit vous unir, vous et son destinataire. Plus précisément, si votre tante aime se promener et que la protection de l'environnement vous importe, vous pouvez lui offrir un objet dont elle aura l'utilité, mais dans une version écolo, par exemple une gourde isotherme : autrement dit, un objet

THÉRAPIE DU CADEAU

L'université d'Oxford a mené des recherches qui prouvent que faire et préparer un cadeau est plus gratifiant que de le recevoir. Attention toutefois à la manière dont vous le faites : selon une étude publiée en 1992 par Daniel Howard, professeur de marketing, le destinataire du cadeau est influencé par l'emballage, l'ensemble des couleurs et des rubans utilisés, la grâce et l'harmonie des formes. Tous ces éléments agissent sur le destinataire au point de le rendre plus susceptible d'apprécier le cadeau lui-même. Ou de le juger négativement. Au-delà des études, le *don* fait partie de ces gestes qui embellissent la vie, nous font du bien et font du bien au bénéficiaire, nous unissent, révèlent nos sentiments, rendent un moment ou une situation magique.

qui la représente et la définit, mais avec une vision de la vie qui vous représente et vous définit.

* Offrir des objets qui ne sont pas couramment utilisés par la personne qui les reçoit n'est pas toujours une bonne idée, car cela peut être mal compris ; le cadeau pourrait paraître implicitement moralisateur : « Puisque VOUS AVEZ TORT d'utiliser des détergents non écologiques et non solides, je vous en ai acheté. » Par conséquent, accompagnez toujours le cadeau d'une note manuscrite expliquant votre choix.
* Une dernière recommandation primordiale : la précipitation n'est pas l'amie des bonnes manières. Jamais. Ne faites pas de paquets à la hâte, avec des enveloppes ou des sacs trouvés au dernier moment, n'écrivez pas deux lignes à la volée sur n'importe quelle carte et, lorsque vous arrivez à la fête ou à l'événement, ne vous précipitez pas pour remettre le cadeau. Vous offrez ce que vous avez choisi, soigné et emballé spécialement pour cette personne. Tous ces efforts et ce travail nécessitent le bon espace et le bon moment.

Il en va de même lorsqu'on reçoit un cadeau : on ne le déballe pas à la hâte, on ne remercie pas le donateur à la hâte, et on ne passe pas à un autre cadeau à la hâte. Mais ce n'est pas tout…

À FAIRE, À ÉVITER

Il y a des phrases, des commentaires et des gestes que vous devez absolument éviter lorsque vous offrez ou recevez un cadeau !

* **Ne mettez pas le cadeau que vous offrez sur le bord de la table**, cela dénote une insécurité ou une dépréciation : « Je mets mon "petit cadeau" sur le "petit bord". »
* **Ne posez pas le cadeau sur le bord de la table** quand vous le recevez, cela reviendrait à dire : « Ton cadeau n'est

pas important et je vais le poser sur le bord, je me fiche qu'il tombe de toute façon ! »

* Lorsque vous recevez un cadeau ou que vous en offrez un, **gardez-le toujours dans la pièce où vous vous trouvez**, à moins qu'il n'y ait un lieu spécifique réservé à l'ouverture des paquets.
* **Ne dites jamais : « Si tu n'aimes pas, je peux le changer ! »** Ou, pire encore : « J'espère que tu l'aimeras. » Si vous craignez que votre cadeau ne soit pas apprécié, cela signifie que vous l'avez choisi « au hasard » ou que vous n'êtes pas convaincu vous-même !
* Lorsque vous vous rendez chez la personne à qui vous avez déjà fait un cadeau, **ne demandez jamais ce qu'il est devenu...** « Je ne le vois pas ! » Le cadeau est la propriété du destinataire, qui a tout à fait le droit d'en disposer et en fait bien ce qu'il veut ! Nous transmettons sans remords un cadeau que nous n'utilisons pas ou que nous n'aimons pas à quelqu'un qui l'appréciera davantage.
* **Ne demandez jamais à l'ouverture du cadeau qu'il soit immédiatement essayé** (si c'est quelque chose à porter), ou goûté (si c'est quelque chose à manger) : c'est vraiment intrusif. Au destinataire de le porter ou de le goûter s'il le souhaite.
* **N'offrez pas de cadeaux qui nécessitent un engagement financier ou de temps**, sauf si vous êtes sûr que c'est le cadeau idéal. Une plante qui nécessite un espace ou des soins spéciaux ou coûteux pour quelqu'un qui n'aime pas les plantes et ne s'en occupera pas correctement est un cadeau inutile. Et la plante en souffrira aussi !
* Lorsque vous recevez un cadeau, **renoncez aux phrases comme : « Tu n'aurais pas dû »**, « Il ne fallait pas te déranger », « Mais pourquoi ? Ta présence suffisait »... Quand une personne, de la famille ou un groupe d'amis font des efforts pour nous faire un cadeau, nous devrions être heureux, joyeux et reconnaissants ! Alors dites-leur : « MERCI, vous m'avez rendu heureux », « Je

suis honoré, je suis touché… » (seulement si c'est vrai ; laissez la comédie au théâtre).

- **Une autre phrase à éviter ? « C'est une bagatelle, ce n'est rien, c'est une petite chose… »** Aimeriez-vous qu'on vous dise que lorsqu'on a pensé à vous, on a songé à une « bagatelle » ? Ou, pire encore, à « une broutille » ? « Si c'est une broutille, pourquoi veux-tu me la donner ? » Il n'y a pas d'objets insignifiants, il y a des objets impersonnels, déplacés. Ceux que l'on ressent et qui sont faits avec le cœur sont PLEINS DU MOI qui les donne et de VOUS qui les recevez.
- À éviter aussi lors de la réception d'un cadeau : **« Ce n'est rien, ça se trouve facilement ! »** Faire un cadeau trop commun n'est pas la meilleure façon d'en faire…
- **Il ne faut pas avoir honte d'offrir un cadeau recyclé,** un objet déjà utilisé, mais plutôt le mettre en valeur. Donner une nouvelle vie aux objets (même pour les cadeaux et pas que leur emballage) est la base du *furoshiki*. Bien sûr, c'est différent si vous offrez une bougie que vous avez reçue et qui ne vous plaît pas parce qu'elle est moche, qu'elle ne sent pas et que vous voulez faire des économies !
- **Accompagnez toujours les cadeaux, même s'il s'agit de simples présents, d'une carte**, ne serait-ce que pour écrire « Merci pour l'invitation » si vous allez dîner chez des personnes que vous ne connaissez pas. Accompagner une bouteille de ce simple mot fera toute la différence !
- Si vous offrez un voyage ou une expérience en cadeau, **tenez compte des coûts supplémentaires**, du temps nécessaire et du sujet traité.
- **Offrez des cadeaux utiles** et non des cadeaux qui prennent trop de place dans la maison et le mobilier du destinataire. Cet espace est le sien, à lui de décider comment le remplir.

- **Soyez très prudent avec les couleurs.** On ne donne pas un objet coloré à quelqu'un qui ne porte pas habituellement cette teinte et on ne l'accompagne surtout pas de la phrase : « Au moins, tu auras un peu de couleurs ! » Il n'est pas nécessaire de donner des explications.
- **Non, non et non aux regards vers les proches** présents autour de la personne qui reçoit le cadeau pendant qu'elle le déballe ! Pas de grimaces, pas de soupirs, pas de gloussements. Même si vous êtes celui qui déballe le cadeau.
- Si le cadeau est fait par un groupe, **remerciez toujours tout le monde** et non le groupe de manière générique. Si une personne n'a pas pu assister à la réunion en personne mais fait partie du groupe, remerciez-la en privé par un message, ou mieux encore par un appel téléphonique, même plus tard. Mais pas trop tard… !

OMIYAGE ET TEMIYAGE

Au Japon, il existe un mot pour chaque chose, qui explique non seulement l'objet lui-même mais aussi son histoire, sa philosophie et son acte.
L'*omiyage* n'est pas n'importe quel cadeau ou souvenir que l'on rapporte d'un voyage, d'une excursion ou de vacances, c'est généralement un produit alimentaire. *Omiyage* signifie « produit de la terre ». Et avec un *omiyage*, nous donnons ce que la nature a directement créé ou ce que l'homme a récolté et transformé en nourriture ; nous offrons en même temps un aliment, une histoire, une expérience, une tradition.
Le *temiyage*, quant à lui, est le cadeau que nous faisons aux personnes ou aux familles qui ont fait quelque chose pour nous ou à qui nous avons causé un certain désagrément, par exemple, aux voisins que nous avons dérangés en organisant une fête un peu tard, ou qui nous ont prêté une échelle, ou arrosé notre jardin en notre absence… Mais nous pouvons aussi donner le *temiyage* à l'avance, lorsque nous allons les voir pour leur demander telle ou telle faveur ou pour les prévenir d'une éventuelle gêne future.

TEINTURES NATURELLES

風呂敷

Nous avons déjà vu où trouver les tissus pour faire des *furoshiki*. Voici maintenant tout ce dont nous avons besoin pour les teindre. Par « tissus », nous entendons toujours des tissus naturels tels que le coton, le lin, la soie et la laine, et par « couleurs », celles extraites des pigments naturels que nous trouvons dans la nature. Quelques recommandations indispensables :

– Faites attention aux allergies et aux fruits, plantes et baies utilisés comme colorants, qui sont toxiques ou vénéneux.

– N'oubliez pas que **les couleurs naturelles donnent des teintes douces** et non des couleurs fortes et artificielles, comme celles d'origine chimique utilisées sur tissus synthétiques.

– Les outils, y compris les pots et les bocaux, **ne doivent être utilisés que pour la teinture** et vous ne devez surtout pas cuisiner avec. En effet, certaines molécules sont à libération lente et, au contact des produits chimiques présents dans les détergents, elles peuvent produire des substances toxiques même après un certain temps.

– Au fur et à mesure de vos expériences sur les couleurs, **créez un nuancier** : pour chaque type de tissu, découpez un carré (5 x 5 cm) ou une bande, de manière à progressivement disposer d'une sorte de catalogue. Au-dessus de

chaque carré, écrivez ce que vous avez utilisé pour réaliser cette couleur, en quelle quantité et avec quel temps de trempage.
– Si vous utilisez des noix, des écorces, des graines dures, du bois, des pommes de pin et tout ingrédient « dur », hachez-les de manière que la couleur qu'ils dégagent ait plus de prise ; de même pour les feuilles, qui doivent être déchirées à la main.

ÉQUIPEMENT

Les outils nécessaires peuvent facilement être trouvés dans les marchés aux puces, tandis que des morceaux de bois ramassés lors d'une promenade en forêt suffisent pour tourner les teintures.
La taille des pots dépend du nombre de pièces de tissu que vous souhaitez teindre, mais sachez que pour 5 *furoshiki* de 60 x 60 cm, il vous faut **un pot de 5 l.** En réalité, vous allez utiliser beaucoup moins d'eau, environ 3,5 l, mais le récipient doit contenir également les tissus. Si vous préparez plusieurs teintures à la fois, vous aurez évidemment besoin de davantage de pots. Il faut aussi des **bassines**, des **bâtonnets**, de l'**acide citrique** pour fixer la couleur, de la **crème de tartre** pour préparer le tissu, une **grande passoire,** un **mixeur**, un **mortier** et beaucoup de créativité !

Vous découvrirez, au cas par cas, ce qu'il faut utiliser (et comment) pour les recettes de préteinture, de teinture et d'après-teinture.

MÉTHODE

Vous trouverez ici la méthode la plus simple et la plus rapide – pour ne pas vous décourager ! Elle n'est pas adaptée pour teindre les vêtements ou le linge de maison, non pas parce qu'elle ne fonctionne pas, mais parce qu'il existe des procédés spécifiques pour chaque utilisation. Si vous voulez en savoir plus sur le sujet, il existe des livres et des blogs qui y sont consacrés.

Le tissu doit être propre et non taché, sinon il ne prendra pas la couleur là où il est sale.

Les explications sont toujours données pour un tissu en coton.

Pour 100 g de tissu :
- 100/150 g de baies, fleurs, feuilles, écorces, etc. ;
- 250/300 g de bois semi-dur, pommes de pin, glands, écorces, etc. ;
- 50/70 g de henné, d'épices, de tisanes, de café, etc. ; pour le café, le thé et le karkadé, utilisez le marc et le contenu des sachets après usage.

Par litre d'eau :
- 10 g de crème de tartre ;
- 150 g d'acide citrique.

Les poids des tissus et des matières premières sont donnés à titre indicatif. Avec l'expérience, vous doserez à l'œil et chaque fois vous aurez une couleur différente. Vous attendez une nuance et une autre arrive, peut-être même plus réussie !

ÉTAPE 1 Si vous utilisez des matériaux durs comme des racines, des graines dures comme des glands, des écorces, des pommes de pin et autres, utilisez un mixeur (manuel si possible). Une fois que les matières premières ont été hachées, faites-les tremper dans une casserole avec 2 ou 3 l d'eau froide (si vous comptez faire peu de *furoshiki*, vous pouvez utiliser moins d'eau) pendant toute une nuit.

Cette étape n'est pas nécessaire pour les herbes, les feuilles, les fruits et les épices.

ÉTAPE 2a Le lendemain, vous remarquerez que ce que vous avez fait tremper commence à perdre sa couleur. Mettez la casserole sur la cuisinière et faites bouillir pendant au moins une heure.

ÉTAPE 2b Si vous n'avez pas utilisé le trempage, prenez la matière dont vous voulez extraire la couleur, placez-la dans une casserole, couvrez-la complètement d'eau et faites bouillir pendant une heure. Si vous utilisez du thé, du café ou d'autres boissons à infusion, 20 à 30 minutes suffisent.

ÉTAPE 3 Pendant que la couleur se forme, préparez le tissu, c'est-à-dire consacrez-vous au mordançage, la technique qui ouvre les fibres des tissus naturels pour permettre à la couleur de mieux adhérer : versez de l'eau froide dans une bassine, ajoutez de la crème de tartre (étant un sel de potassium, elle peut être employée à la place de l'alun de potassium) et laissez tremper le tissu pendant au moins le temps de l'ébullition, puis laissez refroidir l'eau de trempage. N'oubliez pas que la quantité d'eau dépend du nombre de *furoshiki* que vous réalisez.

ÉTAPE 4 Une fois la couleur bouillie et l'eau refroidie, passez le liquide coloré à travers un tamis ou un vieux tissu et versez-le dans une casserole plus grande. Retirez le tissu du bassin de mordançage, rincez-le rapidement, trempez-le dans la couleur filtrée et remettez le tout sur la cuisinière. Faites bouillir pendant une heure. De nombreux tutoriels et livres recommandent un temps plus long, mais après une heure et demie maximum, le tissu ne se colore plus vraiment.

ÉTAPE 5 Après avoir fait bouillir à nouveau le tissu, à l'aide d'un bâton, retirez-le de la casserole et placez-le dans une bassine vide pour accélérer le refroidissement. Attention à ne pas se brûler. Si vous avez utilisé des baies ou des plantes urticantes, portez des gants, idem si vous avez utilisé du henné.

ÉTAPE 6 Pour bien fixer la couleur, après qu'elle a refroidi, plongez le tissu, en utilisant des gants, dans une solution acide (par exemple, de l'acide citrique), puis rincez-le, toujours en portant des gants.

ÉTAPE 7 Vous pouvez enfin étendre le *furoshiki* pour le faire sécher, mais pas au soleil, car cela pourrait faire pâlir la couleur, puisqu'il s'agit d'un produit végétal.

Ce processus peut sembler long, mais il ne prend en fait qu'une demi-journée. Pour économiser les matières premières telles que le gaz, l'électricité et l'eau, veillez à teindre plusieurs *furoshiki* à la fois. Vous pouvez même essayer de sauter quelques étapes : tenter de supprimer la première étape, de ne pas procéder au trempage… la couleur ne sera peut-être pas intense mais elle prendra. Vous pouvez également escamoter la partie fixation, sachant que si vous avez fait des couleurs très claires, comme des verts ou des jaunes, la couleur disparaîtra partiellement au premier lavage.
Page suivante, vous trouverez des exemples de colorants naturels, bien que presque tout puisse servir de colorant dans la nature ! Il ne s'agit que des plus faciles à trouver.
En réalité, la teinte dépend de la quantité de produit et du temps de cuisson de la couleur et du tissu. Pour chaque teinte, vous découvrirez donc par vous-même, au fur et à mesure, ceux qui vous permettent de l'obtenir. Et peut-être, arriverez-vous aussi à des résultats très différents !

ROUGE	karkadé – pétales de géranium rouge* – betterave – hibiscus – graines de grenade – henné lawsonia
ROSE	navet rouge – noix de mangue – peau d'oignon rouge – écorce de prune rouge – pavot rouge – cerises – écorce de bouleau (rose foncé et foncé) – fleurs de lavande – fleurs de mauve
ORANGE	souci – écorce de pommier – œillets orange foncé – dahlias orange – écorces d'orange et de mandarine – feuilles d'érable – curcuma
JAUNE	fleurs d'aubépine – calendula – feuilles de figuier — feuilles de noyer – fleurs de pissenlit – feuilles d'olivier – feuilles d'érable – glands (ocre) – carottes – thé noir (presque or) – feuilles de bardane – romarin
MARRON (beaucoup sont des tons beiges ou café au lait)	feuilles de châtaignier – écorces diverses – glands – pommes de pin – terre – bogues de châtaignier (pour la couleur rouille) – pelures d'oignon blanc – feuilles de chêne séchées – thé et café (diverses nuances de brun) – bogues de marron
VERT FONCÉ	ortie – menthe – basilic – épinard – herbe commune – feuilles de tilleul – fanes de fenouil – feuilles de chêne
VERT CLAIR	feuilles de camomille – feuilles de figuier – fanes de carotte – feuilles de pissenlit – feuilles d'olivier – feuilles d'eucalyptus – romarin – feuilles de mauve
BLEU	henné indigo (avec un temps de trempage court sinon il devient bleu indigo)
INDIGO	chou rouge – henné indigo
VIOLET	betterave – myrtilles – coquelicot rouge – mûres – hibiscus

* En été, je ramasse les pétales de géranium à la main et je les fais sécher au soleil; pour la couleur, je les fais bouillir pendant 10 minutes. Avec 200 g de pétales séchés par décilitre d'eau, on obtient une belle couleur, que j'appelle le rouge de Noël.

IMPRESSION NATURELLE

風呂敷

Nous allons maintenant voir comment imprimer un *furoshiki* de façon naturelle. Il y a plusieurs méthodes pour le faire, certaines sur des *furoshiki* que l'on a préalablement teintés, d'autres sur des *furoshiki* blancs, c'est selon votre goût.

IMPRESSION PAR PULVÉRISATION

Les couleurs sont les mêmes que celles utilisées pour la teinture des textiles, mais vous pouvez en varier l'intensité, c'est-à-dire que lorsque vous préparez la couleur, vous mettez moins d'eau mais la même quantité de colorant.

Prenez des feuilles et des fleurs, ou créez des formes abstraites en déchirant des papiers ou des objets du quotidien, et placez-les sur le tissu. Prenez ensuite un grand pinceau à poils durs (les brosses à dents usagées sont également parfaites), trempez-le dans la peinture et, au-dessus du tissu, passez vos doigts sur l'extrémité des poils de manière à produire de fines éclaboussures de couleur, presque comme une brume. Après un premier passage, retirez quelques feuilles du tissu et reprenez les éclaboussures : vous créerez comme des ombres aux

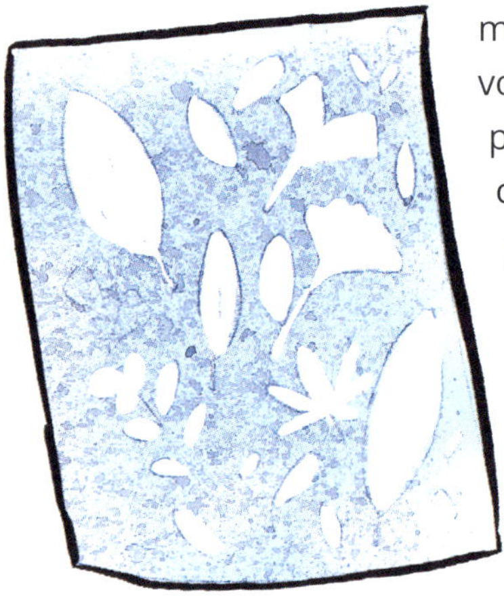

motifs, qui paraîtront en trois dimensions ; en bref, vous ferez l'inverse qu'avec des pochoirs : avec les pochoirs vous colorez le motif choisi, alors qu'avec cette technique vous colorez le contour et tout le pourtour, tandis que la figure reste blanche ou neutre.

Quelques conseils techniques, artistiques et bien sûr écologiques :

✻ Pour chaque pulvérisation, vous pouvez choisir différentes couleurs.

✻ Au lieu d'un pinceau et de vos doigts, vous pouvez aussi utiliser un brumisateur pour les fleurs et les plantes : le résultat est le même, voire meilleur dans certains cas.

✻ Cherchez des pinceaux et des pulvérisateurs dans les marchés aux puces, vous en trouverez beaucoup à très bon marché ! Ou demandez à vos amis et à votre famille, il y a sûrement dans une cave des pinceaux abandonnés qui n'attendent que d'être repris !

ÉCO-IMPRESSION

Les origines de cette technique sont incertaines, elle vient certainement d'Orient et de lieux où la nature est variée et luxuriante, car elle se base sur cette richesse naturelle. Beaucoup l'appellent l'impression botanique, car c'est grâce aux fleurs, feuilles, écorces et baies que les tissus sont décorés. C'est une impression dont le processus est un peu plus long et qui nécessite de nombreux matériaux, mais le résultat est magnifique.

En vogue depuis les années 1960, elle est aujourd'hui de plus en plus à la mode. Là encore, travaillez sur plusieurs tissus en même temps pour gaspiller le moins d'eau possible.

Parmi les nombreux cours et tutoriels, je me suis rendu compte qu'il n'y a pas de recette définie, mais voici la plus facile à réaliser chez soi : prenez votre *furoshiki* et posez-le sur une table ou, si le tissu est trop grand, sur une planche (j'utilise par exemple une vieille planche en bois pour le pétrissage) ou tout support que vous ne craignez pas de tacher. Avec un vaporisateur contenant du vinaigre blanc, humidifiez le tissu puis, uniquement sur une moitié du *furoshiki,* placez ce que vous avez choisi d'imprimer : si ce sont des feuilles, placez-les du côté du grain, si ce sont des fleurs, avec les pétales sur le tissu ; vous pouvez également utiliser des peaux d'oignon. Ordonnez-les comme vous le souhaitez, au hasard ou avec un dessin précis et, une fois que vous avez créé votre figure, repliez la partie blanche sur les fleurs et les feuilles. Puis prenez un bâton en bois (une branche ramassée par terre fera l'affaire, à condition qu'elle soit droite et un peu plus longue que le *furoshiki* plié). Placez-le à l'extrémité du tissu et enroulez-le autour ; attachez-le ensuite sur toute sa longueur avec une ficelle, puis placez les rouleaux dans une grande marmite, en recouvrant bien les bâtons avec l'eau, et faites bouillir pendant une heure.

Si vous voulez teindre en même temps du tissu, il suffit de colorer l'eau en y faisant tremper des baies, des écorces ou d'autres éléments naturels de teinture.

Certains préfèrent la cuisson à la vapeur, auquel cas il faut une marmite avec une grille suffisamment grande. Au bout d'une heure, sortez les rouleaux à l'aide d'une pince avec précaution. Une fois qu'ils ont refroidi, détachez-les et ouvrez le tissu en enlevant les feuilles et les fleurs. Vous verrez les mêmes formes imprimées

sur le tissu. Vous pouvez maintenant mettre le tissu à sécher, strictement à l'ombre car la lumière directe du soleil les décolorera. Je le répète : il existe des techniques plus détaillées et plus complexes, celle-ci est la plus simple et la plus rapide.
L'eau qui reste peut être réutilisée pour une seconde impression, mais pas plus, car les feuilles auront libéré un peu de couleur, ce qui risque de tacher le tissu lors de la seconde ébullition. Surtout, ne l'utilisez pas pour arroser les plantes et les fleurs, car elle contient du vinaigre.

IMPRIMÉ MARTELÉ

L'impression martelée (*tataki zome*) est très similaire à l'impression écologique par son rendu final, mais elle est moins laborieuse. Procurez-vous des planches de bois de différentes tailles, cela dépend toujours de ce que vous devez marteler : s'il s'agit de petites fleurs, les petites tailles suffiront, s'il s'agit de grandes feuilles comme des feuilles de figuier, vous aurez déjà compris qu'il vous faut une grande planche. Au fil du temps, j'ai récupéré des planches de différentes tailles, certaines sont de vieilles planches à découper que les amis avaient l'habitude de jeter. Regardez aussi autour de vous et demandez si quelqu'un a des petites planches à jeter – il y en a toujours sur les chantiers de construction, dont on cherche habituellement à se débarrasser. Prenez la feuille ou la fleur que vous avez choisi de reproduire et placez-la sur une planche légèrement plus grande, puis prenez le tissu et placez-le par-dessus, puis frappez la partie correspondante du tissu avec le marteau jusqu'à ce que vous voyiez la feuille se « dessiner ». Une fois ceci terminé, vous

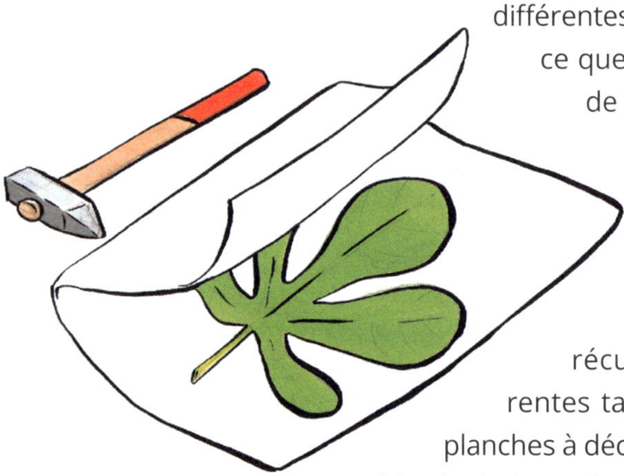

pouvez faire tremper le *furoshiki* dans une solution d'eau et d'acide citrique pour fixer l'impression. J'ai mentionné la feuille de figuier tout à l'heure car, comme la feuille de chou, elle crée de beaux motifs.

IMPRESSION SHIBORI JAPONAISE

Le *shibori* est une technique ancienne d'impression des tissus d'origine japonaise. Il était utilisé dès le VIIIe siècle de notre ère pour décorer les tissus destinés à l'habillement. Le nom vient de *shiboru,* qui signifie « serrer », « tordre ». Traditionnellement, on utilise le colorant extrait de la plante *Indigofera tinctoria* (indigo), que l'on peut plus simplement acheter sous forme de poudre.

MÉTHODE

Une fois que vous avez choisi le type d'impression *shibori* à réaliser, nouez le tissu, préparez une bassine d'eau et une autre bassine d'eau dans laquelle vous avez dissous la couleur. Plongez rapidement le paquet dans l'eau, car il suffit qu'il soit humide, puis dans la couleur. Cela prend moins d'une minute : la couleur prend immédiatement et, de plus, elle ne doit pas imprégner tout le tissu, sinon les motifs caractéristiques de cette méthode ne se formeront pas.

Les proportions des différents éléments sont une question de choix : plus vous dissolvez de poudre, plus la couleur sera intense, plus vous voulez teindre de *furoshiki,* plus vous avez besoin d'eau et plus le récipient devra être grand.

TAMPONS FAITS MAIN

風呂敷

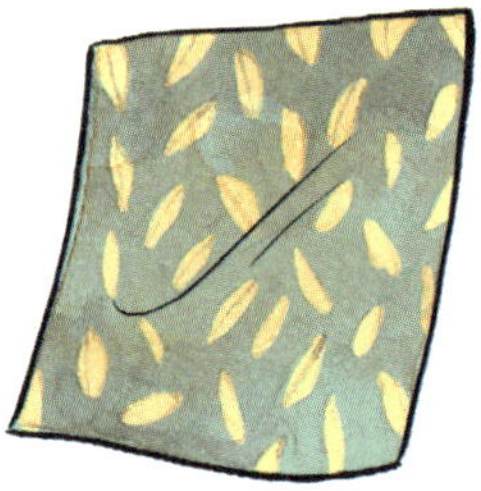

Impression *chirashi*

Impression *omogara*

Impression *ichimatsudori*

Jusqu'à présent, nous avons vu comment colorier et imprimer les *furoshiki,* nous allons maintenant voir comment les décorer avec des tampons faits maison, de préférence en rapport avec les saisons et les fêtes de l'année ; par exemple à Noël, les impressions de pommes de pin ou de branches de conifères sont très belles, tout comme les motifs folkloriques nordiques ou les formes de cristaux de neige ; en automne, les feuilles et les citrouilles ; en été, les épis de blé, les coquelicots et les fleurs de lavande, et au printemps, les fleurs et les hirondelles sont à l'honneur. Quand on commence à utiliser des tampons faits maison, toutes les excuses sont bonnes ! Les enfants aiment aussi en créer et c'est un excellent passe-temps. Laissez libre cours à votre créativité. À tout âge !

Il y a également les décorations réalisées avec des formes géométriques répétées – voire de simples points en série – créées à partir de matériaux naturels ou d'objets du quotidien : autant d'idées qui peuvent vous servir d'inspiration pour créer ou rechercher de nouveaux modèles, toujours à partir de matériaux récupérés ou trouvés dans la nature.

Là encore, le Japon en a fait un art, et certains types d'impression de tampons ont même reçu des noms. Ceux qui figurent dans les pages suivantes sont les plus couramment utilisés :

CHIRASHI : le même motif est répété tout au long du *furoshiki,* de façon aléatoire ou régulière.
OMOGARA : la décoration ou le dessin ne se trouve que dans un seul coin ; ce type de décoration convient particulièrement aux *furoshiki* qui se terminent avec le coin du tissu en vue.
ICHIMATSUDORI : le *furoshiki* est divisé en quatre, et seules deux parties en miroir sont décorées, comme un échiquier. Il s'agit d'une décoration appropriée pour le *furoshiki* classique, car, avec cette impression, le nœud sera d'une couleur ou d'un motif différent du reste du paquet.
WAKUDORI : soit on décore uniquement le bord, soit, à l'inverse, on décore le centre en laissant le bord uni.
KATAMIGAWARI : vous pliez le *furoshiki* en deux triangles, coin opposé sur coin opposé, et vous ne décorez qu'un triangle. Dans certains cas, seules deux couleurs sont utilisées, qui peuvent être soit contrastées, soit issues de la même palette.
TATEGAWARI : il s'agit du *furoshiki* avec une seule bande latérale décorée. On peut aussi le décorer entièrement, mais avec la bande latérale d'une couleur différente du reste.
RYOMEN : ce style est généralement utilisé pour les *furoshiki* les plus fins, fabriqués en soie tissée et imprimée à la main. Il se compose de deux *furoshiki* différents cousus ensemble, de sorte qu'ils peuvent être utilisés des deux côtés. Chaque côté aura des couleurs et des décorations différentes, souvent représentatives de la famille qui possède ce *furoshiki* mais aussi de celle qui le reçoit, ou bien elles peuvent être déclinées selon l'occasion, la fête ou la célébration pendant laquelle il sera donné.
Si le *furoshiki* est vraiment précieux ou ancien et a toujours appartenu à la famille qui offre le cadeau, la tradition veut qu'une fois le paquet déballé, le destinataire le plie et le rende.

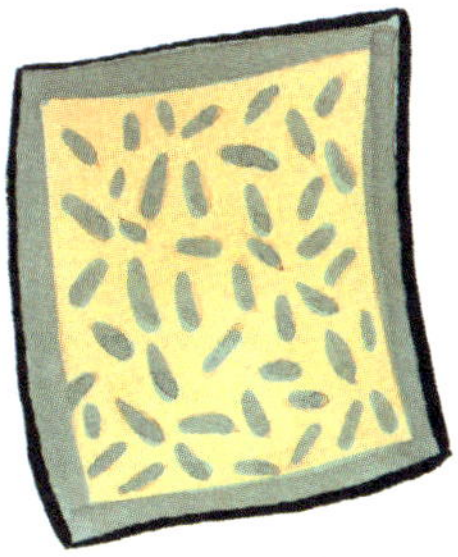
Impression *wakudori*

Impression *katamigawari*

Impression *tategawari*

Impression *ryomen*

COULEURS

Vous pouvez créer les couleurs vous-même, exactement comme nous l'avons déjà vu pour la teinture des textiles : faites bouillir la teinture avec, dans ce cas, un peu d'eau et, une fois l'intensité désirée atteinte, retirez-la du feu et filtrez. Pendant qu'elle est encore très chaude, ajoutez de la fécule de maïs ou de riz et remuez jusqu'à obtenir une crème lisse, semblable à de la détrempe, pas trop épaisse (vous pouvez aussi remettre la casserole sur le feu jusqu'à ce que le mélange atteigne la consistance d'une crème), puis versez la couleur obtenue dans une soucoupe. Trempez-y le tampon, et voilà ! Décorez les *furoshiki*.

La dose est d'1 part d'amidon pour 4 parts d'eau (c'est-à-dire 100 g d'amidon pour 400 ml d'eau) bien que, comme nous l'avons déjà mentionné, cela ne soit qu'indicatif, la quantité devant être calibrée au cas par cas.

TAMPONS NATURELS

Les tampons naturels sont tous fabriqués à partir de ce que l'on trouve dans la nature ou de restes de nourriture. Par exemple, la moitié d'une pomme, d'une orange, d'un citron ou d'un oignon, avec de la couleur dessus, peut être utilisée pour tamponner le tissu avec des formes qui ne sont pas parfaitement nettes mais très belles. Si les fruits sont toujours comestibles, n'utilisez pas une moitié mais seulement une tranche. C'est suffisant.

Utilisez plutôt les trognons des légumes à feuilles comme la laitue, les blettes, l'endive et la salade sucrine. Coupez toutes les feuilles, trempez le tro-

gnon dans la couleur et, une fois le motif apposé, vous obtiendrez des formes qui ressemblent à des fleurs ou à des roses ! Vous pouvez également utiliser les déchets du céleri-branche.
Je sais qu'on peut utiliser des fleurettes de brocoli, mais de préférence celles qui ont été oubliées dans le réfrigérateur et sont complètement jaunies… Les épis de maïs recouverts de couleur et roulés sur le tissu créent également de magnifiques motifs.
Et puis il y a la pomme de terre ! Elle est facile à sculpter et vous pouvez en faire des formes multiples à utiliser comme tampons. Une fois de plus, il est recommandé de ne pas utiliser des aliments qui peuvent encore être consommés : les pommes de terre germées ne sont plus bonnes à manger, mais sont parfaites pour fabriquer des tampons.

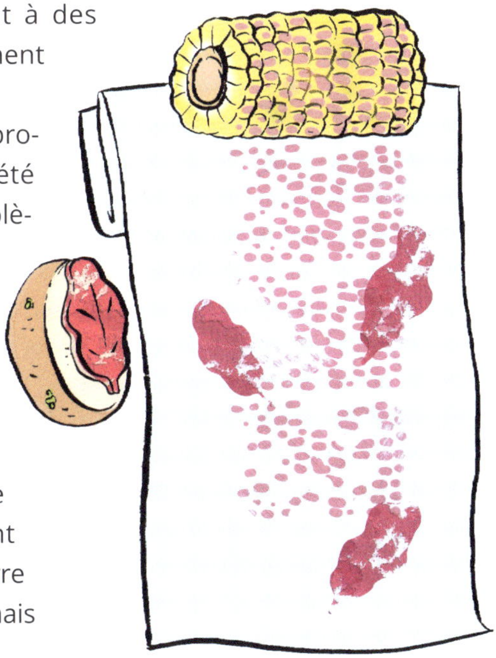

TAMPONS « ZÉRO DÉCHET »

À partir d'objets que nous avons toujours considérés comme des déchets, nous pouvons faire mille et un tampons, même s'ils ne semblent pas l'être au premier abord, ils peuvent le devenir !
Le premier et le plus malléable est… le rouleau de papier toilette. En le pliant simplement, vous pouvez créer des étoiles à trois, quatre et même cinq branches, des cœurs, des carrés, des diamants et, bien sûr, des cercles !
Si vous avez un rouleau autocollant à la maison, vous pouvez poser le rouleau de papier toilette dessus et y fixer de petits motifs faits d'une pâte de farine et d'eau. Une fois que les figures ont durci, vous pouvez passer ce rouleau sur le tissu.
Vous pouvez coller des bouchons en plastique ou des capsules de bière sur un morceau de bois et les utiliser

comme formes (les petits cercles crantés sont intéressants). Le fond des bouteilles en plastique ou des canettes peut également servir de gabarit pour réaliser de simples cercles.

Si vous laissez tomber quelques nouilles du paquet, collez-les sur un morceau de bois et faites un motif rayé.

Vous pouvez fabriquer des motifs avec du papier froissé, mais aussi avec des filets de pommes de terre.

Avec des bouchons de liège et des boutons inutilisés, collés sur un bâton, vous pouvez réaliser de nombreux dessins.

En bref, les objets susceptibles de devenir des tampons se trouvent dans toutes les pièces de la maison : le bout d'un crayon, surtout s'il a une gomme, devient un petit tampon, les dents d'une fourchette répétées en série créent une belle décoration, et même les vieux pinceaux, ainsi que les brosses à dents usagées, peuvent devenir des instruments de décoration.

Ce ne sont que quelques idées, puissent-elles vous inspirer pour en trouver beaucoup d'autres. L'intention ici est de fournir des idées pour récupérer, recycler ou réinventer et adapter ce que nous avons déjà.

Pour finir, créez des tampons personnalisés et, pourquoi pas, un « logo » pour « signer » votre *furoshiki* !

TAMPONS AVEC DE LA LAINE

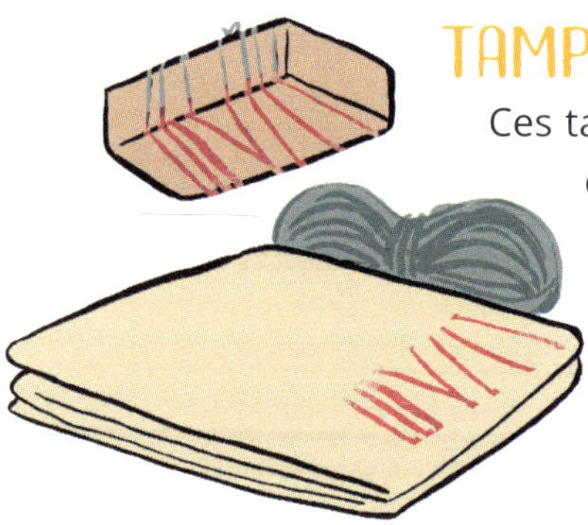

Ces tampons très spéciaux permettront de créer de magnifiques figures. Prenez un support en bois (un rouleau à pâtisserie fera l'affaire) et enroulez-le avec un fil de laine. Vous pouvez l'envelopper un peu, beaucoup, avec des fils croisés… comme vous le souhaitez, puis imbibez-le de couleur, mais pas trop, pour ne pas perdre le motif des fils lorsque vous tamponnerez.

PAPIER ARTISANAL

風呂敷

Pour fabriquer du papier, il faut... du papier !
Et pour qu'il ne coûte rien, il faut le choisir recyclé. On en trouve dans de nombreux endroits. Évidemment, si vous êtes un consommateur régulier de papier imprimé, vous en avez beaucoup à la maison, mais si vous y réfléchissez, il y a une grande rotation de journaux dans les bars, qui sont jetés le soir. N'hésitez pas à demander à les récupérer, surtout si vous êtes un client régulier.
Certaines feuilles peuvent être conservées entières et utilisées comme du papier d'emballage normal, les autres peuvent être déchiquetées et utilisées pour fabriquer du nouveau papier.
Si vous demandez à un commerçant de vous mettre des journaux de côté, passez le jour et à l'heure convenus : la ponctualité est une forme de respect et aussi une façon de le remercier de sa gentillesse. Peut-être qu'à Noël vous pourrez lui offrir un petit cadeau et une carte de remerciement faite avec le papier qu'il vous a donné !
Les bibliothèques ou les restaurants, par exemple, jettent quotidiennement des journaux ou des menus imprimés. N'hésitez pas à leur demander de vous mettre le papier gâché de côté.
Si vous n'avez pas de papier coloré pour la pâte à papier, vous pouvez le teindre en utilisant les mêmes couleurs que celles pour teindre le tissu.

Et si vous faites tremper des fleurs de lavande dans de l'eau la veille, votre papier sera parfumé à la lavande !
Attention, cependant : ce papier n'est pas à utiliser pour l'emballage, vous n'obtiendrez que des feuilles qui, coupées en deux ou en quatre, conviennent pour écrire des cartes d'accompagnement pour les cadeaux. Pour pallier l'absence d'enveloppe, pliez la feuille en deux et écrivez uniquement sur le côté droit à l'intérieur de la feuille. Sur la « couverture », vous pouvez faire des motifs aux tampons comme sur les *furoshiki*.

ÉQUIPEMENT

Des tamis sont disponibles dans le commerce, mais vous pouvez facilement en fabriquer avec un filet fin et rigide, comme une moustiquaire, de la taille d'une feuille A4 environ. Montez ce filet sur un cadre en bois, uni, et fixez-le avec des trombones. Placez ensuite un autre cadre sur le premier, en veillant à ce qu'ils soient bien ajustés. Voici un tamis pour papier fait maison.
Vous aurez également besoin d'une bassine carrée assez grande pour contenir le tamis horizontalement et pour que, une fois dans la bassine, il y ait suffisamment de jeu (c'est-à-dire d'espace) pour qu'il puisse être bougé afin de tamiser la pâte.
Enfin, vous aurez besoin d'une éponge (une vieille éponge usagée est parfaite) et de quelques chiffons en coton, par exemple de vieux torchons.

PÂTE À PAPIER

Déchirez les feuilles de papier en morceaux pas trop gros mais pas aussi petits que des confettis. Placez-les dans un bol avec juste assez d'eau pour les couvrir ; vous pouvez les faire tremper la veille ou le matin pour l'après-midi. Passez-les ensuite au mixeur avec de l'eau dans un rapport de 1 à 2 (1 part de papier pour

2 parts d'eau) à vitesse moyenne jusqu'à obtention d'une bouillie. Si elle est trop épaisse, ajoutez de l'eau.

MÉTHODE

Dans la bassine carrée, mettez suffisamment d'eau pour couvrir à peine le tamis. Prenez ensuite séparément le tamis et placez une quantité de pâte de la taille d'une pomme au centre. Plongez-la dans l'eau et tamisez-la jusqu'à ce que la pâte s'étale. Une fois qu'elle s'est bien stabilisée, retirez le tamis du récipient et laissez l'eau s'écouler.

D'une main, maintenez le tamis contre un bord et de l'autre, à l'aide de l'éponge, asséchez la pâte autant que possible. Lorsqu'elle est bien aplatie et qu'elle ne coule plus, retournez le tamis sur un torchon tendu et retirez la « feuille » qui s'est formée. Passez une nouvelle fois l'éponge si nécessaire. Laissez sécher pendant au moins une journée entière.

Les premières fois, vous devrez apprendre à calibrer la quantité, afin de ne pas avoir de feuilles trop épaisses ou trop légères.

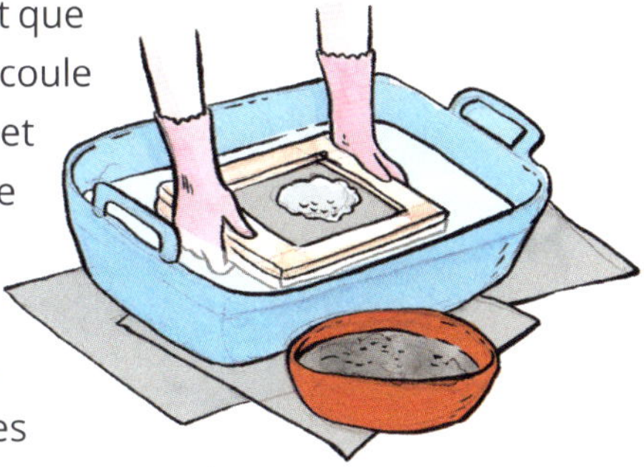

L'idée décorative

Lorsque la pâte est bien étirée sur le grillage mais toujours dans la bassine, ajoutez des pétales, des feuilles, des aiguilles de conifères ou de romarin pour décorer le papier.

FERMER LE PAQUET

風呂敷

Les *furoshiki* se prêtent particulièrement à une décoration avec des éléments naturels.

Quelle que soit la saison, nous pouvons trouver tout ce dont nous avons besoin dans la nature : en hiver, avec des branches de conifères, les paquets font immédiatement penser à Noël ; au printemps, choisissez des branches d'arbres en fleurs, les cerisiers et les pommiers en particulier sont parfaitement dans le style japonais. Les épis de blé, d'avoine ou d'épeautre séchés font également bonne figure. Vous pouvez les récolter en été, mais les utiliser en hiver.

La lavande est une autre fleur à cueillir en saison et à faire sécher, mais elle n'est utilisée que jusqu'à l'automne ; en automne également, les branches de ginkgo biloba sont enchanteresses et résolument esthétiques avec leur couleur jaune d'or.

Les autres feuilles qui peuvent être utilisées pour décorer les *furoshiki* de style japonais sont les feuilles d'érable – aussi bien lorsqu'elles sont vertes que lorsqu'elles arborent de beaux tons rouille et orange –, l'aralia du Japon, sans surprise, qui crée des contrastes exceptionnels avec ses belles et grandes feuilles, et les fougères : leurs feuilles sont magnifiques, comment ne pas les aimer !

Vous n'avez pas de feuilles à la maison pour décorer votre *furoshiki* ? Ne vous inquiétez pas : vous trouverez certainement quelque part une fleur ou une plante pour vous aider. D'après mon expérience, même les brins d'herbe avec une seule fleur sauvage constituent une décoration très agréable à regarder malgré sa simplicité.

Récupérez également de petites branches de chêne (encore mieux avec un gland), un arbre riche en histoire et d'une grande puissance symbolique, ou du lierre qui, avec ses guirlandes de feuilles d'un vert profond, est particulièrement adapté au panier *furoshiki.* Tout comme les feuilles de tilleul, de bouleau, de charme, de châtaignier, de noisetier et tous les beaux arbres qui poussent dans nos jardins et nos forêts.

Lors de la récolte, veillez à briser les rameaux sans endommager les arbres. Et bien sûr, ne pas défigurer la nature, notre bien commun !

Quelques autres éléments à garder à l'esprit :

✻ Tout d'abord, il ne faut pas utiliser de plantes et de fleurs avec des épines, ni de plantes et de fleurs qui sont toxiques ou allergènes pour la personne à qui le *furoshiki* est donné.

✻ En cas d'allergie au pollen, il est préférable d'utiliser une branche avec des feuilles au lieu de fleurs, mais n'oubliez pas que les arbustes des haies ne sont pas à utiliser pour la décoration des *furoshiki,* précisément parce qu'ils font office de « murs » et ont donc déjà une utilité.

✻ Les branches séchées ne doivent pas être utilisées seules, mais uniquement en combinaison avec des fleurs et des feuilles. Un petit tour vers l'*ikebana*, l'art de l'arrangement floral, peut vous inspirer.

✻ Chaque plante possède une signification. Apprenez à la connaître car cela vous sera utile pour choisir la décoration : comme on l'a déjà dit longuement, le cadeau n'est pas seulement le contenu mais il est le tout, c'est-à-dire aussi l'emballage, la carte, la phrase, le travail pour teindre, imprimer, créer, préparer et choisir la décoration.

FICHE DE MESURES

Dans ce tableau, vous trouverez des mesures et des exemples de ce que vous pouvez emballer avec un *furoshiki* aux dimensions indiquées. Pour calculer correctement le *furoshiki* dont vous avez besoin, gardez à l'esprit que l'objet à emballer doit être d'environ un tiers de la taille du *furoshiki*.

Les mesures sont standard, bien qu'en réalité vous puissiez également découper un *furoshiki* de 45 x 45 cm, de même que les objets présentés ne sont qu'une idée pour vous guider. Lorsque vous coupez un *furoshiki*, s'il vous reste des chutes de tissu, gardez-les et utilisez-les pour faire des essais de couleur lors de la teinture. Vous pouvez également fabriquer des patrons à partir de feuilles de papier journal, en protégeant les bords avec du ruban adhésif pour ne pas les abîmer. Inscrivez clairement la taille sur chacun d'eux ; c'est une astuce très utile, qui vous évitera de devoir chercher un mètre ruban chaque fois que vous devrez couper un *furoshiki* : vous poserez le patron et couperez à la volée.

35 x 35 cm	argent – divers billets – diverses enveloppes – savons – bougies – petits objets – porte-clés – portefeuilles – chaussettes – slips – divers cosmétiques – stylos – dentifrice ou divers tubes
40 x 40 cm	bocal à légumes et à cornichons – CD ou DVD – boîtes à thé – soutiens-gorge – diverses brosses à cheveux – pots de confiture – brioche ou biscuits
50 x 50 cm	petits livres – paquet de biscuits – paquet de farine – quelques boîtes de conserve de légumes secs – petites boîtes de conserve (max 250 g) – T-shirts – débardeurs ou tops – agenda – costumes

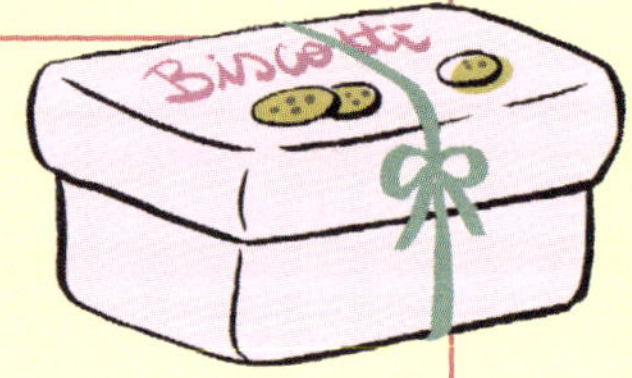

60 x 60 cm	livre – boîtes de conserve – assiette – sachets de riz de 1 kg – sachets de pâtes – 4 pots de légumineuses – T-shirts – 4 canettes de boisson – journal intime – écharpe – plusieurs petits articles ensemble
70 x 70 cm	grandes boîtes (500-750 g) – panettone – plats divers – plusieurs livres – bouteille unique – petit plat – coupe de 500 g avec fruits – petit panier – petit bouquet – foulard
80 x 80 cm	bouquet de fleurs moyen – vase avec un diamètre de plante de 20 cm maximum (comme le basilic) – soupière – deux bouteilles – grandes bouteilles – vases en verre avec fleurs – sac – petit sac à dos – chemises – pulls – plusieurs chemises ensemble – grandes écharpes – plusieurs boîtes de conserve ensemble – grands plats en Pyrex – cruches
90 x 90 cm	oreiller – parure de lit complète – linge de salle de bains – nappe – quatre bouteilles – vestes – sac à dos – grands sacs – chapeaux – grandes boîtes – boîtes à chaussures – détergents divers – grand panier – panier à provisions – petites couvertures – grand bouquet de fleurs – panier de pique-nique – gâteaux avec boîtes
100 x 100 cm et plus	couvertures – coussin – grands paniers – boîtes à fruits – manteaux – tableaux – miroirs – petites lampes – paniers à plateau – jardinières (40 x 15 cm) – petits tapis – tapis de yoga – sac à provisions – petites valises

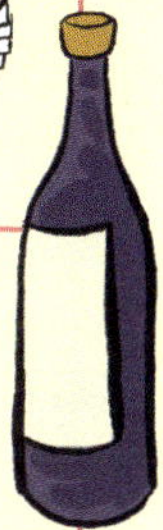

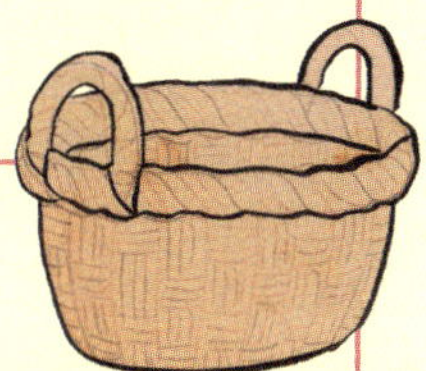

OTSUKAI TSUTSUMI

お使い包み

C'est le *furoshiki* le plus célèbre et le plus utilisé. C'est probablement aussi le plus simple, même s'il est très joli. Il est le plus souvent utilisé pour le *bento* – le récipient destiné à emporter son repas hors de la maison – parce qu'il est le plus rapide à réaliser. Ne teignez que les bords du *furoshiki* pour que le nœud soit d'une couleur différente du reste du paquet.

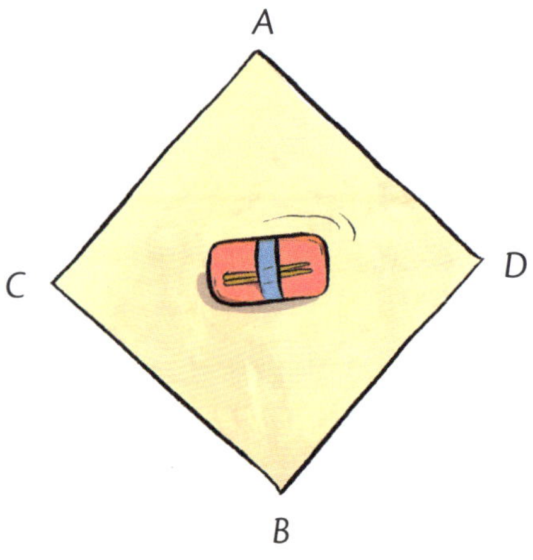

1. *Placez le tissu en diagonale afin qu'il forme un losange avec l'objet à envelopper au milieu.*

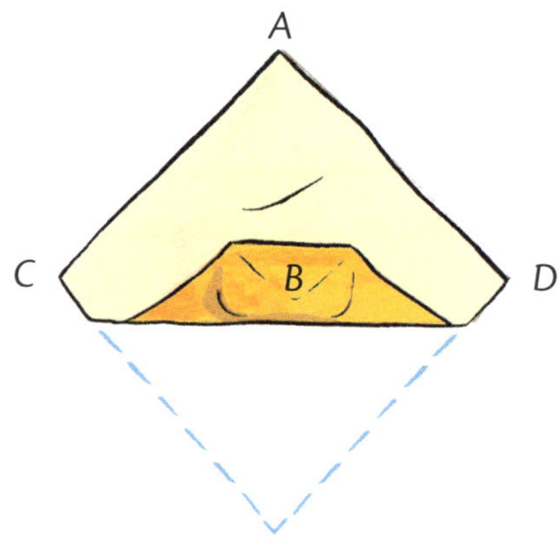

2. *Repliez le coin B vers le coin A. Si le coin B dépasse de l'objet, repliez-le sous celui-ci.*

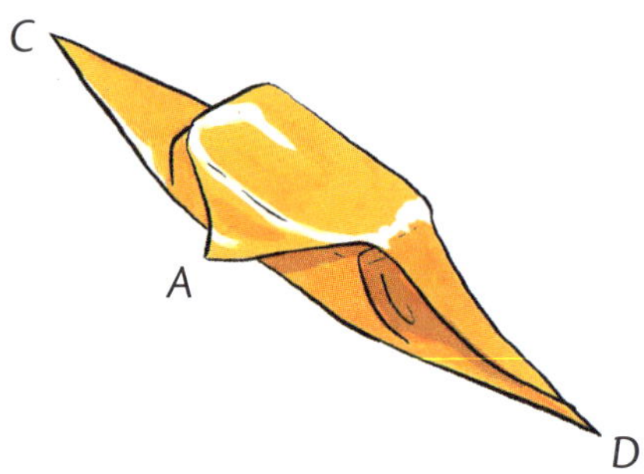

3. *Ramenez le coin A vers B, sans replier la pointe, cette fois.*

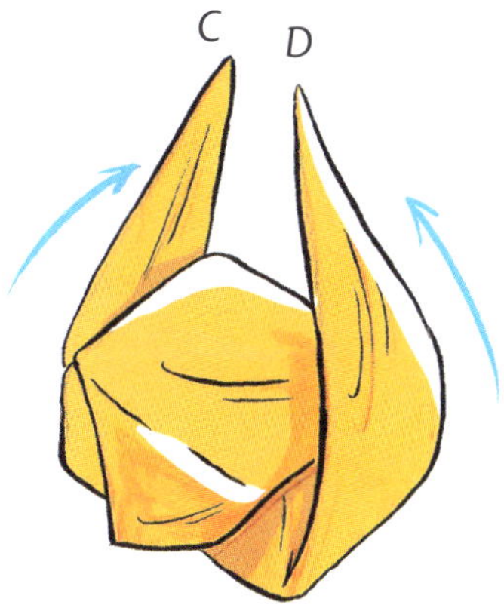

4. *Aplanissez les plis avec vos mains, puis formez un nœud* ma musubi *avec les coins C et D.*

5. *Le nœud doit être parallèle à la pointe visible. Vous pouvez décorer le* furoshiki *avec une branche de fleurs de saison ou l'accompagner d'une carte en papier faite à la main.*

VARIANTE

5. *Suivez les instructions jusqu'à l'étape 4. Avec le nœud classique, la pointe A reste visible. Si vous préférez, vous pouvez en envelopper le nœud.*

6. *C'est l'un des* furoshiki *les plus populaires utilisés à l'époque de Noël. Vous pouvez donc le décorer avec des branches de conifères et des tranches d'orange séchées ou même avec des dahlias, une fleur à laquelle le Japon consacre un festival.*

HIRA MUSUBI
平結び

Ce *furoshiki* est un mélange d'autres *furoshiki* : les premières étapes reprennent celles du *furoshiki* de la page précédente, *otsukai tsutsumi,* mais avec un nœud simple et plat, c'est-à-dire *hira musubi.*
Ce nœud peut être recouvert pour former un drapé central, ce qui est utile lorsque vous avez un petit *furoshiki* et que vous ne pouvez pas faire de nœud *ma musubi.*
Avec l'impression *ichimatsudori*, vous obtiendrez un bel effet final.

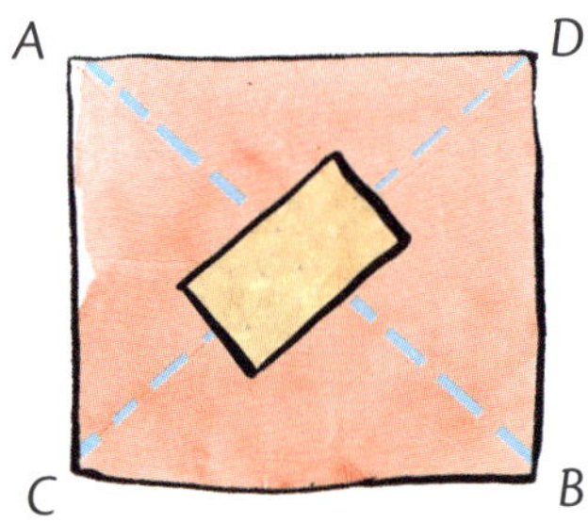

1. *Disposez le cadeau en diagonale sur le* furoshiki.

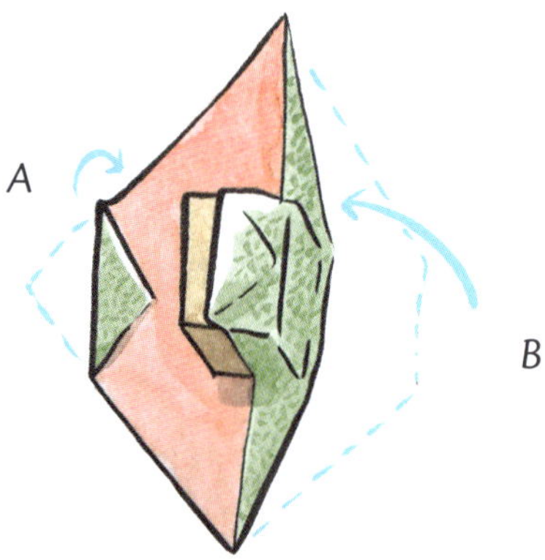

2. *Repliez les coins A et B vers l'intérieur, puis rabattez les deux bords de tissu pour recouvrir entièrement le cadeau.*

3. *Soulevez les coins C et D en les tirant bien pour aplanir les plis éventuels.*

4. *Attachez-les ensemble avec un nœud simple mais serré.*

VARIANTE

Idéale si vous cherchez quelque chose de plus élaboré mais qui reste rapide à faire.

5. *Après les étapes 1 à 4, cachez les extrémités des coins C et D en les repliant sous le nœud.*

6. *Une fois terminé, vous pouvez décorer le nœud avec des branches, des baies ou d'autres éléments naturels.*

平結び

HIRA TSUTSUMI

平包み

Celui-ci est l'un des plus anciens. Sa simplicité, due à l'absence de nœud, le rend très élégant. Un conseil : comme vous n'avez pas à faire de nœud, vous n'avez pas besoin d'un très grand *furoshiki* : en fait, dans ce cas, il suffit de couvrir les côtés.
Pour teindre ou décorer le tissu, il est préférable d'opter pour une impression homogène (voir le chapitre sur les tampons faits main), afin que la décoration ressorte sur le dernier rabat, celui qui recouvre tout.

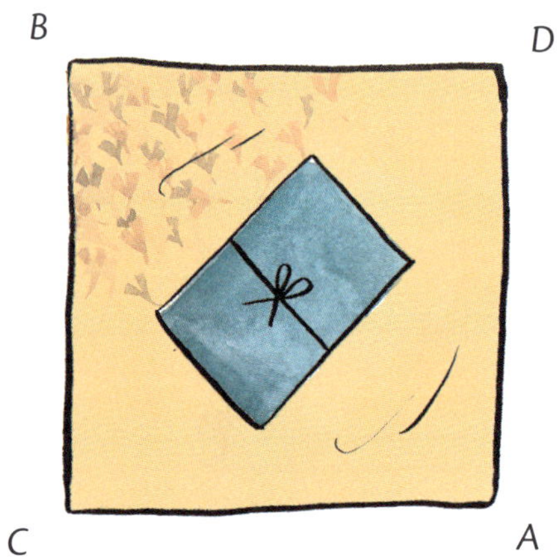

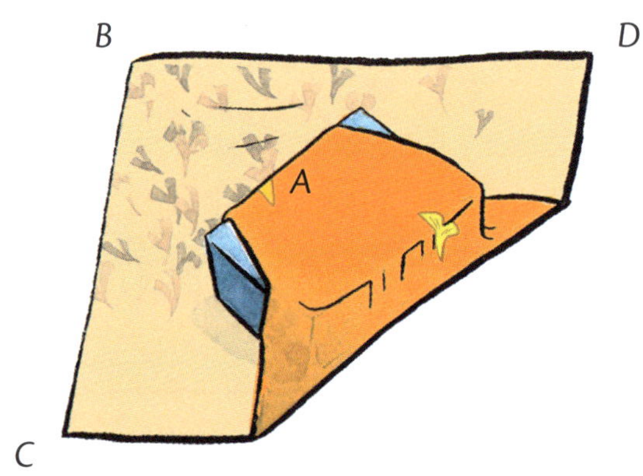

1. *Placez l'objet au centre du* furoshiki, *en diagonale et avec le côté le plus long vers la droite.*

2. *Prenez le coin A et pliez-le vers B, en l'amenant sur l'objet à emballer, depuis le côté le plus long. Si nécessaire, repliez-le sous l'objet.*

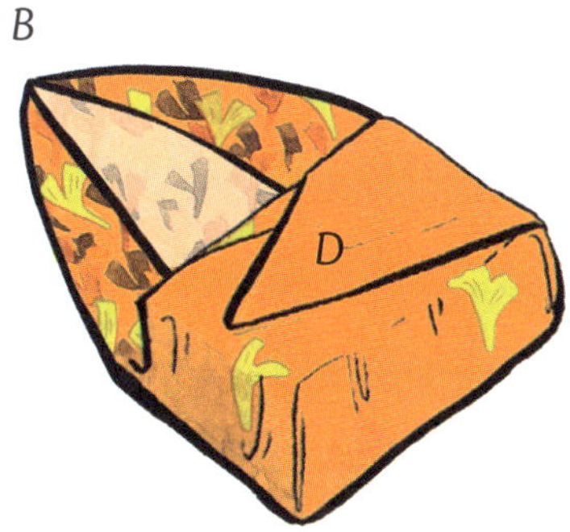

3. *Prenez ensuite le coin C et pliez-le vers D, en le coinçant sous l'objet si nécessaire.*

4. *Prenez le coin D et pliez-le vers C. S'il est trop long, repliez-le sur lui-même.*

5. *Enfin, prenez le coin B et emballez le paquet. Quand vous prenez le cadeau, tenez ce dernier rabat. Manipuler avec précaution fait partie des règles du jeu des cadeaux !*

KAKUSHI TSUTSUMI

隠し包み

Il s'agit de la première variante du *otsukai tsutsumi*, plus connu, mais en réalité, si l'on regarde bien, il s'agit d'un mélange de l'*otsukai tsutsumi* et de l'*hira tsutsumi* : il possède un nœud, mais il est recouvert par le rabat de l'*hira tsutsumi* ; son nom, ce n'est pas un hasard, signifie « paquet caché ». Comme vous pouvez le voir, le pliage est très simple et vous pouvez colorer les rabats qui dépassent du dessous dans une couleur contrastée, ou avec une impression uniforme comme pour l'*hira tsutsumi*. Considérés comme plus élégants, ces *furoshiki* sont principalement utilisés pour des cadeaux personnels, c'est-à-dire non associés à une fête spécifique. Encore une fois, l'ensemble sophistiqué vise à souligner l'importance du « geste » et de la « pensée », alors n'hésitez pas à l'utiliser quand et pour qui vous le souhaitez.

1. *Placez l'objet au centre du* furoshiki, *en position oblique.*

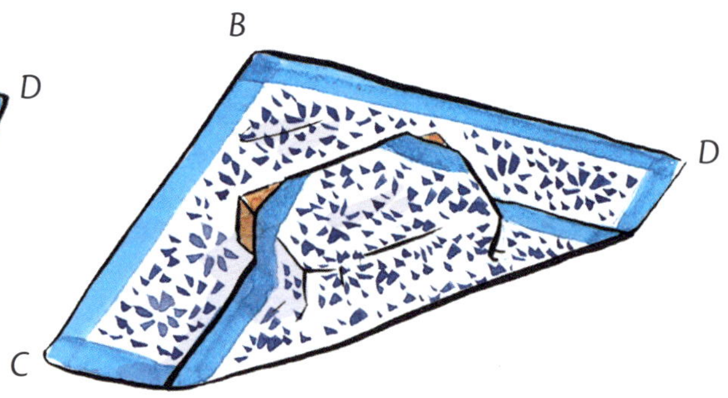

2. *Ramenez le coin A vers le coin B.*

3. *Une fois que vous avez également plié le coin B vers A, nouez les deux coins C et D ensemble avec un nœud* ma musubi.

4. *Ensuite, tirez le rabat B qui est placé sous le nœud…*

5. *… pour le positionner au-dessus, c'est-à-dire pour cacher le nœud.*

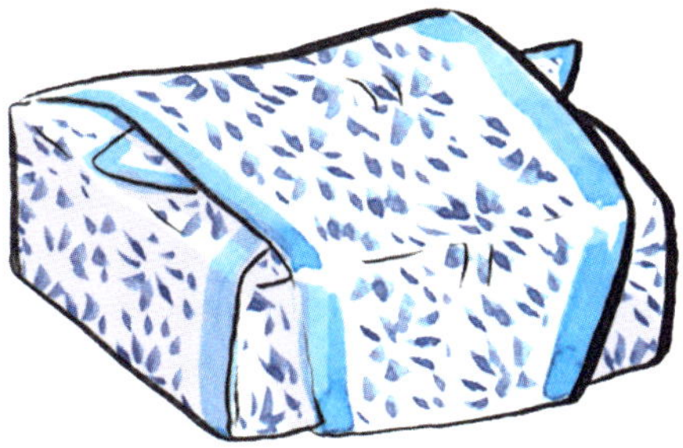

VARIANTE

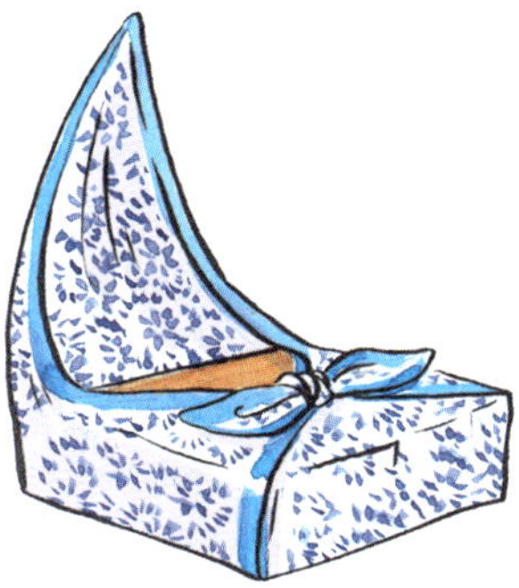

5. *Suivez les instructions jusqu'à l'étape 4, puis, une fois le rabat sorti, au lieu de lui faire recouvrir le nœud, enroulez-le tout autour.*

YOTSU MUSUBI

四つ結び

Il convient aux objets carrés. L'extrémité du nœud rappelle une fleur. Pour obtenir cet effet, vous devez faire deux nœuds *ma musubi* (d'ailleurs la traduction de ce *furoshiki* pourrait être « quatre nœuds »). C'est également un *furoshiki* qui peut vous donner une grande satisfaction concernant les différentes méthodes de teinture et d'impression. La technique de l'*ichimatsudori* permet d'obtenir deux nœuds de couleurs différentes, tandis que le *wakudori* donnera un effet ombré aux deux nœuds. En guise de variante, prenez les deux coins qui doivent former le second nœud et tournez-les à l'intérieur du premier nœud : vous obtiendrez deux boucles.

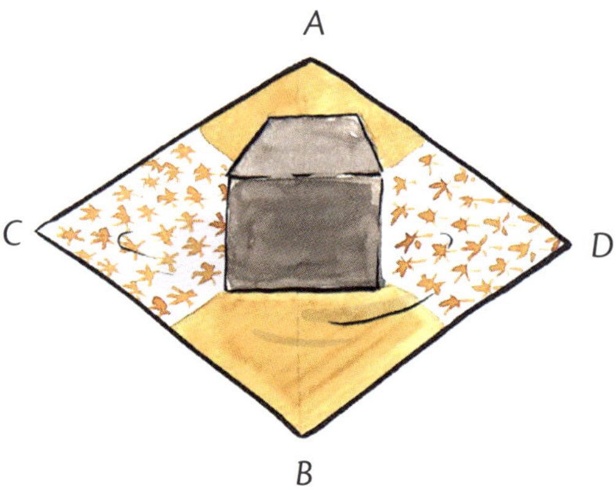

1. *Placez la boîte au centre du* furoshiki *en la disposant en diagonale.*

2. *Prenez les coins C et D et formez le premier nœud* ma musubi.

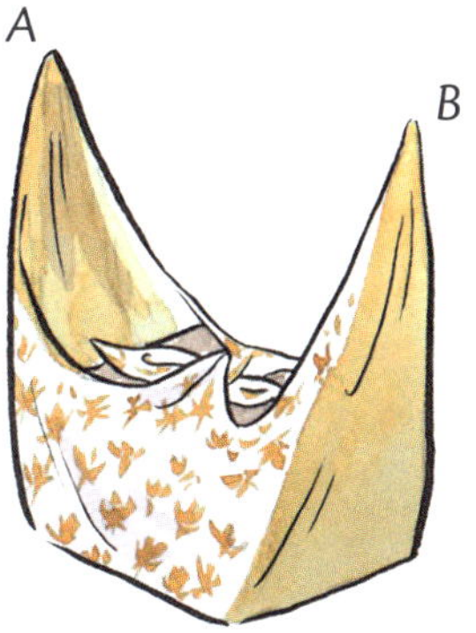

3. *Prenez les coins A et B et faites le second nœud.*

4. *Lissez les plis des nœuds et du tissu sur les côtés, puis décorez le* furoshiki *à votre guise.*

VARIANTE

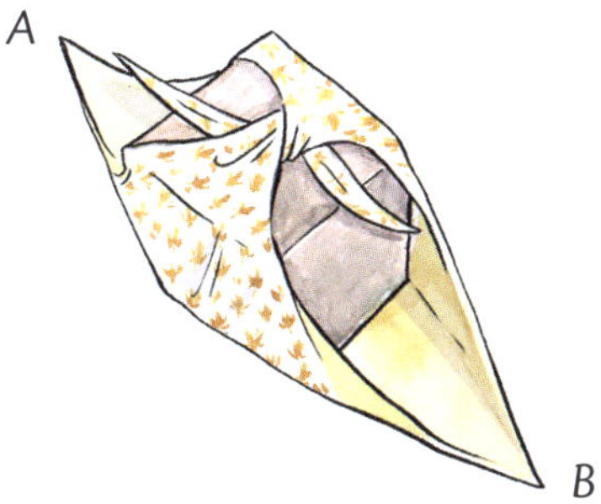

3. *Effectuez les deux premières étapes, mais en faisant un nœud simple.*

4. *Prenez les coins C et D et faites un second nœud simple.*

5. *Prenez la pointe A, faire une boucle avec et glisser l'extrémité sous la pointe C. Faire de même avec la pointe C sous la B; la B sous la D et la D sous la A. Comme pour un scoubidou.*

6. *Tirez délicatement sur les extrémités, et vous formerez un nœud carré aux motifs alternés.*

SUIKA TSUTSUMI
スイカ包み

Ce *furoshiki* est parfait pour les objets sphériques ou ovales – *suika* signifie d'ailleurs « pastèque ». Au Japon, le fruit n'est pas seulement très apprécié pour son goût, mais c'est aussi un cadeau populaire car il est un symbole d'abondance. Parmi les fruits les plus prisés et les plus chers figurent les melons, comme le célèbre Yubari, qui, en raison de sa forme parfaite et de son goût délicieux, est vendu aux enchères pour des sommes astronomiques, tandis que les pastèques plus petites sont souvent offertes en cadeau à la femme aimée.

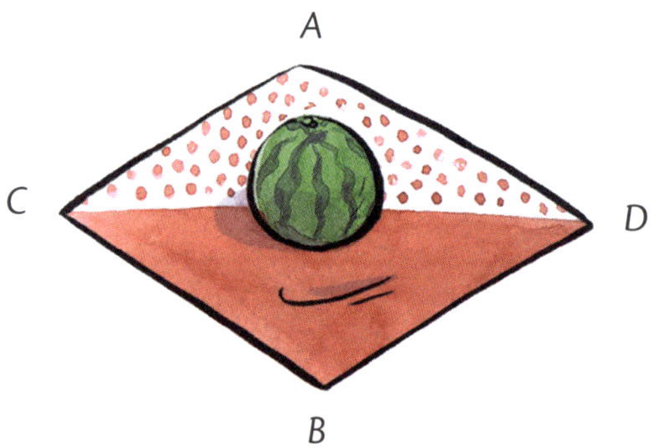

1. *Placez la pastèque au centre du* furoshiki.

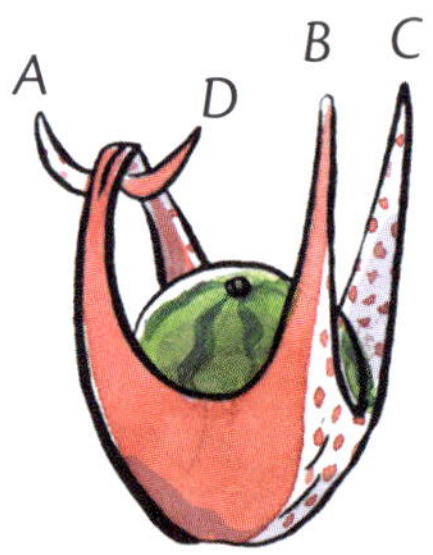

2. *Prenez le coin A et le coin D et attachez-les ensemble avec un nœud* ma musubi.

3. *Avec le coin C et le coin B, formez un second nœud* ma musubi.

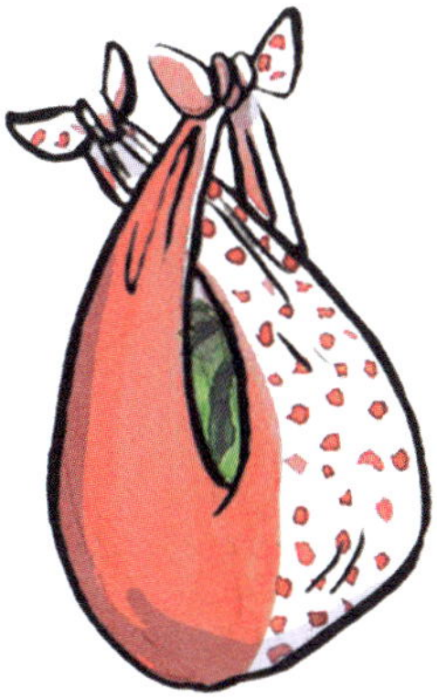

4. *Passez le second nœud dans la boucle du premier nœud que vous avez fait.*

5. *Vous pouvez alors tenir le* furoshiki *par le second nœud seulement, comme un cabas avec une anse.*

VARIANTE

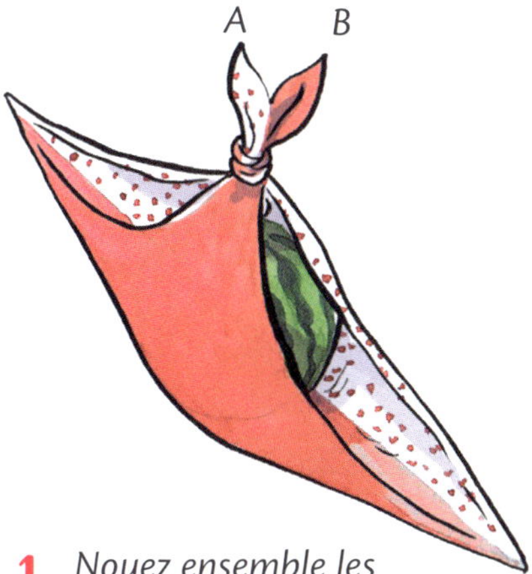

1. *Nouez ensemble les coins opposés A et B avec un nœud* hitotsu musubi.

2. *Ramenez les coins opposés C et D vers l'arrière et croisez-les ensemble.*

3. *Puis ramenez-les sur le devant et attachez-les ensemble avec un nœud* ma musubi.

スイカ包み

FUTATSU MUSUBI

二つ結び

Pour ce *furoshiki*, un grand morceau de tissu est idéal. Il est parfait pour emballer les boîtes longues et plutôt volumineuses, comme les boîtes en bois pour les bouteilles de vin ou d'huile. Comme impression, le *wakudori* est très bien, car il donnera un bel effet aux deux nœuds. Parce que *futatsu musubi* signifie « deux nœuds ».

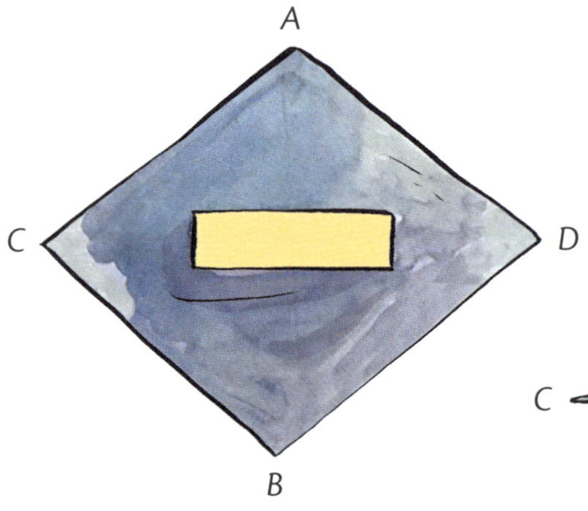

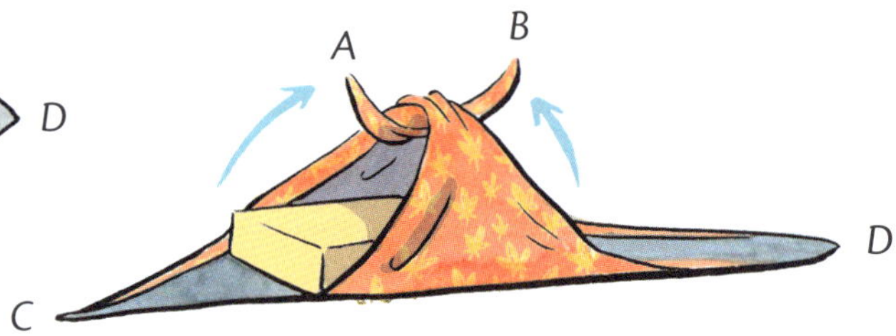

1. *Placez l'objet au centre, en diagonale par rapport au* furoshiki.

2. *Prenez les coins A et B, rapprochez-les l'un de l'autre et croisez-les. Si c'est plus facile pour vous, attachez-les avec un simple nœud au centre. Une fois qu'ils sont au-dessus du centre de l'objet, amenez les coins C et D.*

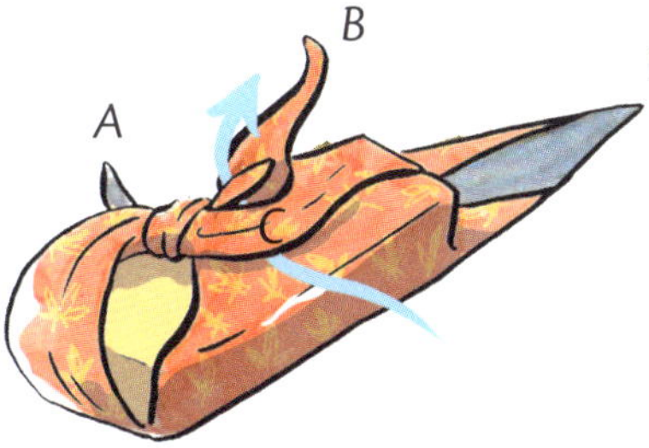

3. *Nouez le coin A avec le C et le coin B avec le D pour obtenir deux nœuds* ma musubi.

4. *Vous aurez ainsi deux nœuds sur les côtés du* furoshiki. *Au centre, grâce au croisement des rabats initiaux, vous ne devriez pas voir le contenu.*

VARIANTE

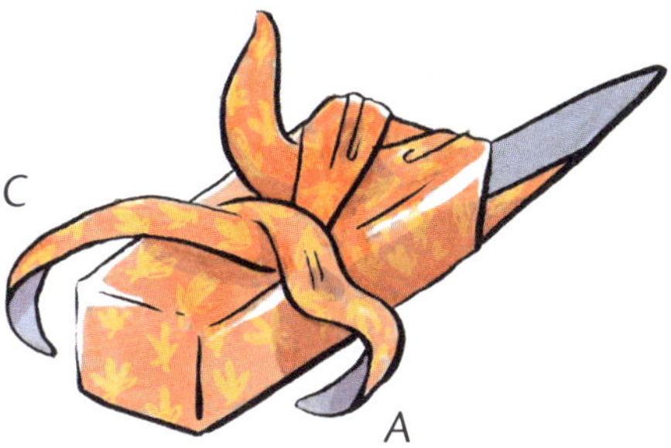

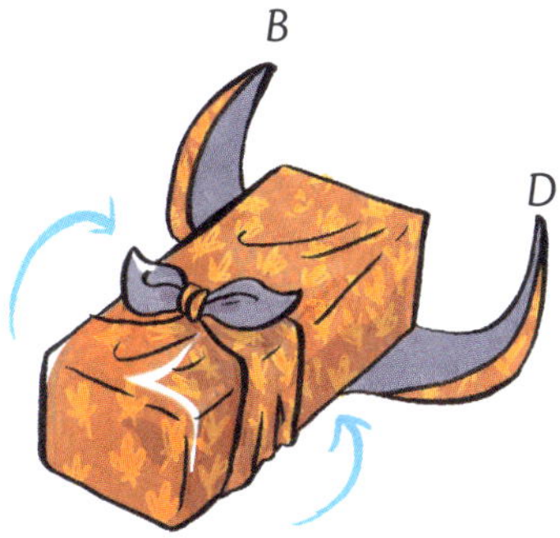

4. *Suivez les étapes jusqu'à l'étape 3, puis prenez le coin A et le coin C et, pour ne pas faire le nœud à l'avant, croisez-les et nouez-les ensemble en tournant le* furoshiki. *Répétez l'opération avec les coins B et D. Attention : cette variante n'est possible que si le* furoshiki *est grand.*

5. Le furoshiki *est terminé !*

KOUSA TSUTSUMI

交差包み

Il ressemble au *futatsu musubi*, mais en réalité les nœuds sont croisés, le premier étant fait sur le côté. Il convient pour emballer les boîtes rectangulaires de biscuits et celles de chemises ou de pulls, mais aussi pour maintenir ensemble plusieurs livres pas trop volumineux. Comme le croisement n'est pas facile, choisissez un tissu avec un imprimé *chirashi* ou une couleur unie. Si, en revanche, vous souhaitez que les deux nœuds soient de couleurs différentes, il vous faut l'imprimé *wakudori*.

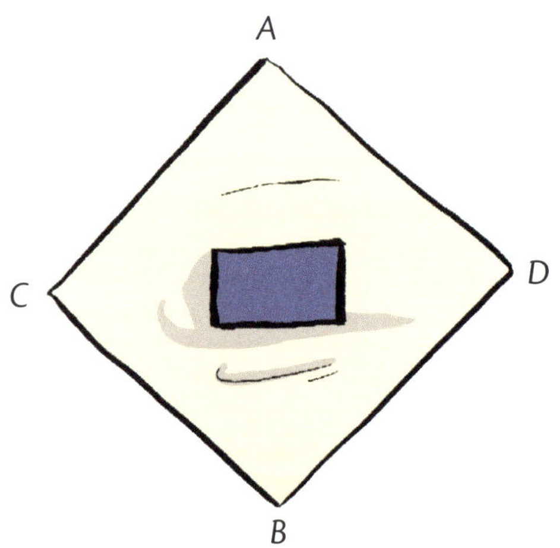

1. *Placez l'objet horizontalement au centre du* furoshiki *disposé en diagonale.*

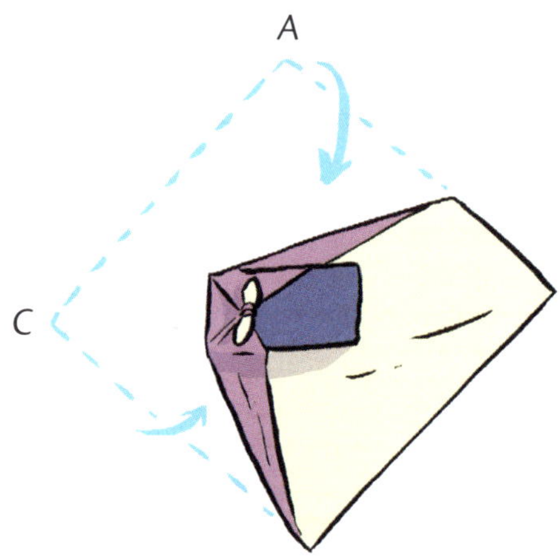

2. *Prenez le coin A et nouez-le avec le coin C en un nœud* ma musubi.

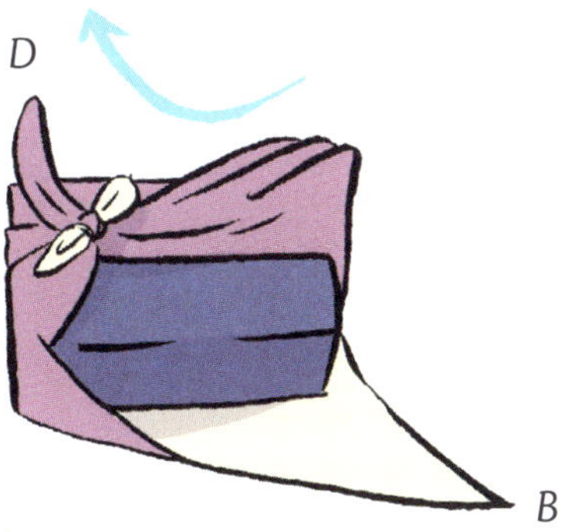

3. *Passez le coin D sous le nœud que vous venez de faire.*

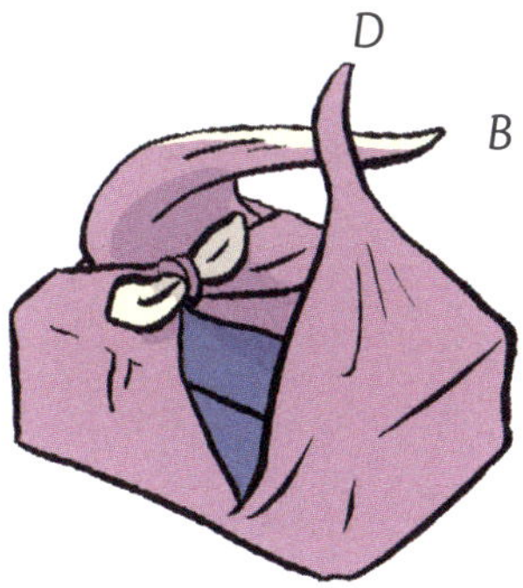

4. *Prenez le coin B et faites un second nœud* ma musubi *avec le coin D.*

5. *Si nécessaire, redressez les nœuds et lissez les plis.*

Le même modèle réalisé avec l'imprimé chirashi.

SAO TSUTSUMI

竿包み

Contrairement à d'autres *furoshiki,* ici vous ne commencez pas avec l'objet placé au centre du tissu, et si vous prenez les deux coins opposés pour faire un nœud, vous aurez l'impression de l'avoir fait avec un ruban séparé.

Il s'agit d'un *furoshiki* très joli et très simple à réaliser et, comme les autres, il peut également être utilisé pour envelopper des objets de formes très différentes.

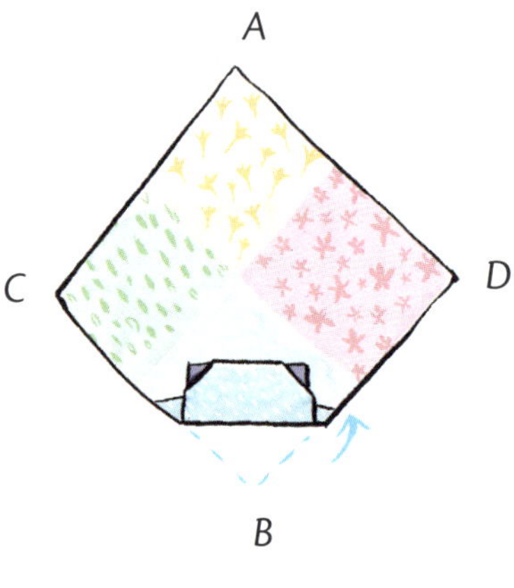

1. *Placez l'objet juste au-dessus du coin B, comme indiqué sur le dessin, et enroulez-le en direction du coin A.*

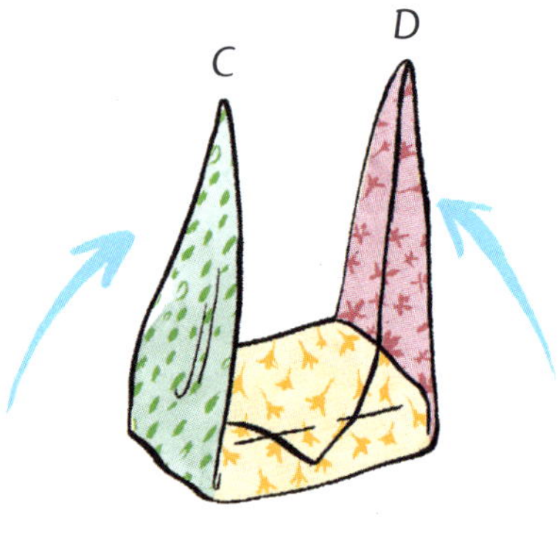

2. *Prenez les deux coins C et D du* furoshiki *en villant à ce que les plis restent à l'intérieur.*

3. *Allongez C et D l'un à côté de l'autre sur l'objet…*

4. *… puis croisez-les en les tenant par les pointes.*

5. *Faites passer C et D sur la face opposée et terminez par un nœud* ma musubi.

VARIANTE

Si vous avez deux objets à envelopper, placez-les sur des coins face à face, comme indiqué sur le dessin, puis procédez aux étapes 2, 3 et 4.

HON TSUTSUMI

本包み

Idéal pour les livres (*hon* en japonais), c'est un élégant *furoshiki*, avec un bel effet visuel. Pour le réaliser, choisissez un *furoshiki* suffisamment grand pour utiliser sa diagonale comme poignée. Il est important que les livres ou objets à emballer soient tous plus ou moins de la même taille. Vous pouvez personnaliser l'impression ou la teinture, par exemple en teignant le *furoshiki* uniquement dans les parties correspondant aux livres lorsqu'ils seront emballés. Si cela vous est difficile à déterminer, faites d'abord quelques tests pour avoir une idée claire de l'orientation des dessins.

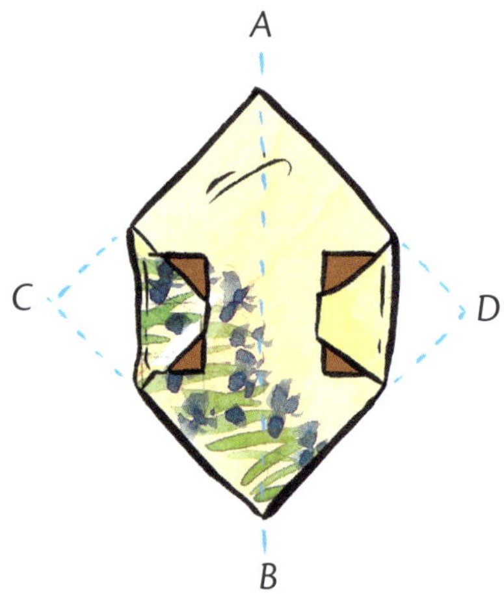

1. *Placez les deux livres près des coins C et D du* furoshiki *et repliez-les vers l'intérieur sur les livres.*

2. *Enroulez les deux livres vers le centre du* furoshiki, *en laissant un espace vide entre eux.*

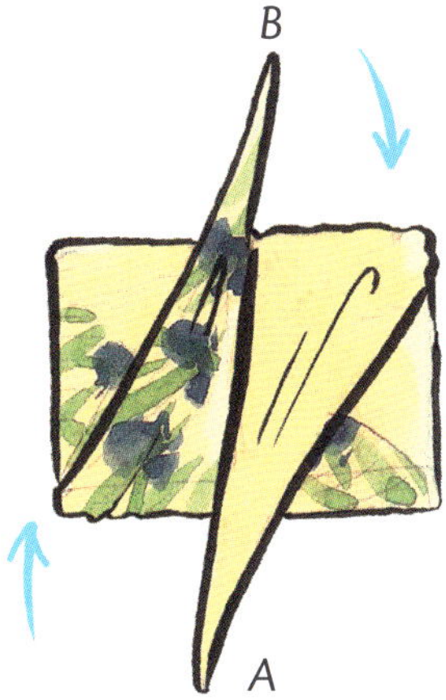

3. Prenez le coin A et le coin B et pliez-les l'un vers l'autre.

4. Mettez les livres l'un sur l'autre, en maintenant les deux coins A et B bien dégagés vers les côtés.

5. Entortillez les deux pointes, bien serrées sur elles-mêmes (mais attention : une dans un sens et une dans l'autre pour ne pas risquer un effet centrifuge), et réunissez-les avec un petit nœud ma musubi. Vous obtenez la poignée du furoshiki.

6. Vous êtes prêt à aller au parc !

ENTOU TSUTSUMI

円筒包み

Il est fabriqué de la même manière que le *sao tsutsumi*, mais il est ici utilisé pour des formes allongées et cylindriques, par exemple un petit tapis, un ensemble de sets de table et de serviettes, des posters dans leur boîte en carton, mais aussi tout simplement des paquets de spaghettis ! Si le tissu est très grand (1,50 x 1,50 m), même un tapis de yoga peut être enveloppé. Il est si beau que vous serez désolé de l'ouvrir !
Avec ce *furoshiki*, on peut utiliser la technique de teinture et d'impression inverse de celle du *sao tsutsumi*, c'est-à-dire que l'on décore le *furoshiki* et non les extrémités, qui, une fois le nœud fait, seront blanches et contrasteront avec le reste du paquet.

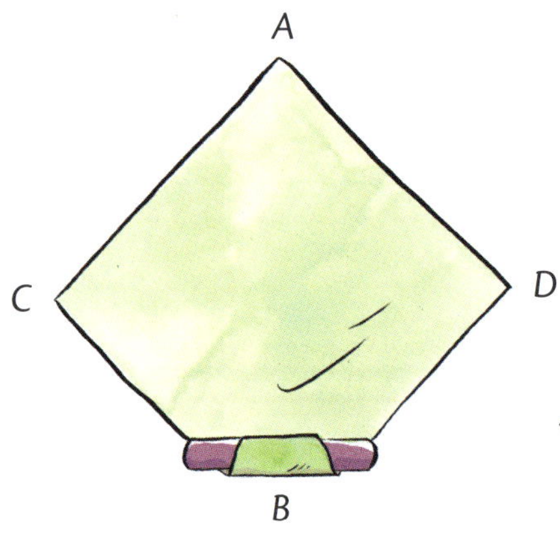

1. *Placez l'objet cylindrique à emballer sur le coin B.*

2. *Enveloppez-le complètement, jusqu'au coin A.*

3. *Prenez le coin C et le coin D et croisez-les au centre.*

4. *Nouez les deux coins C et D sur le côté opposé de là où vous les avez croisés.*

5. *Adapté aux objets longs, ce modèle se prête bien à une décoration avec des fleurs à longues tiges et des feuilles, comme le strelitzia avec sa ravissante fleur bleu et orange.*

VARIANTE

1-2. *Effectuez les étapes 1 et 2 avec l'objet à envelopper légèrement décalé du centre.*

3. *Puis entortillez la pointe la plus longue.*

4. *Et faites un nœud* ma musubi *au niveau de la pointe la plus courte, pour ainsi obtenir une poignée.*

BIN TSUTSUMI

瓶包み

Il existe de nombreux *furoshiki* pour emballer les bouteilles, vous trouverez ici les plus utilisés et les plus faciles à réaliser, ainsi que les plus impressionnants visuellement. Vous verrez combien de compliments vous recevrez sur le paquet!

Toutes les bouteilles peuvent être emballées: vin, spiritueux, bière, purée de tomates, lait, jus de fruits ou encore eau minérale.

Ajustez évidemment la taille du *furoshiki* en fonction de ce qui doit être enveloppé.

1. *Placez la bouteille verticalement au centre du* furoshiki.

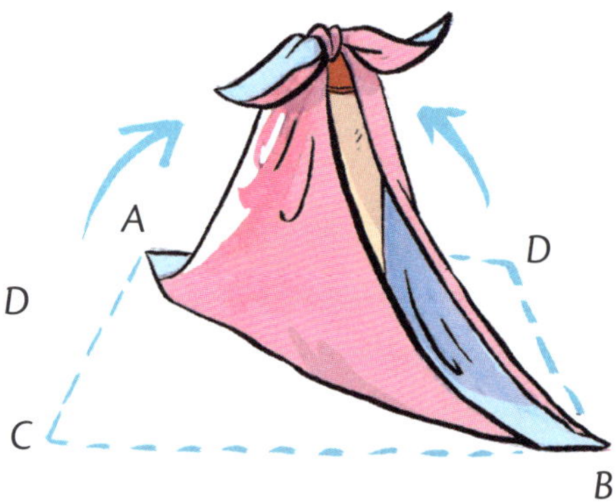

2. *Prenez les coins C et D et faites un nœud simple sur le bouchon de la bouteille.*

3. *Croisez les coins A et B devant vous, plus ou moins à mi-hauteur de la bouteille.*

4. *Puis attachez-les avec un petit nœud* ma musubi *sur le côté opposé de là où vous les avez croisés.*

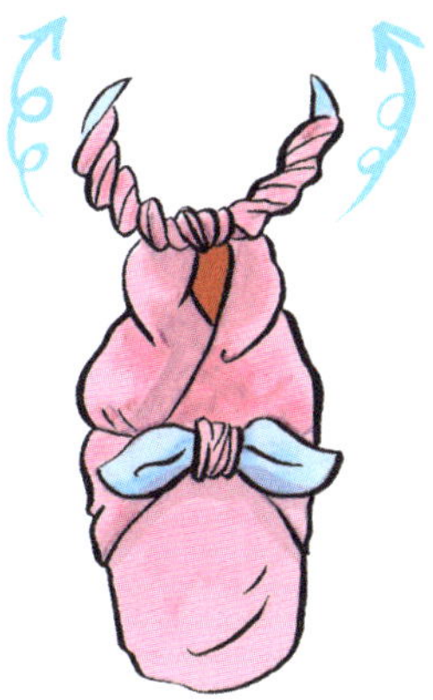

5. *Prenez les deux pointes du haut et entortillez-les, puis attachez-les ensemble avec un nœud* ma musubi.

6-7. Le furoshiki *est terminé. Décorer ce paquet avec des branches de feuilles de chêne et des glands permet de sceller l'amitié et montre le respect que l'on a pour les personnes à qui il est offert, mais on peut bien sûr le décorer comme on le souhaite.*

BIN NIHON TSUTSUMI

瓶二本包み

Ce *furoshiki* est vraiment pratique ! Vous pouvez également l'utiliser pour emballer quatre bouteilles ensemble, la seule recommandation étant de choisir un tissu résistant et de faire un nœud solide pour la poignée. Avec un *furoshiki* de plus petite taille, vous pouvez emballer de plus petits objets, par exemple deux pots de miel ou d'épices.

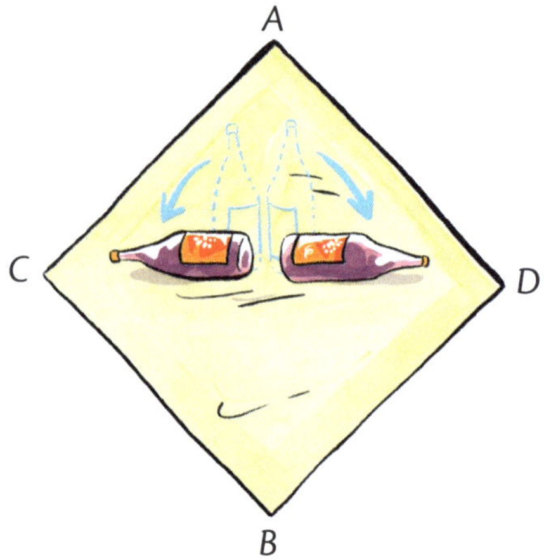

1. *Placez d'abord les bouteilles debout au milieu du* furoshiki, *puis couchez-les vers les coins C et D, mais en gardant un espace entre les deux.*

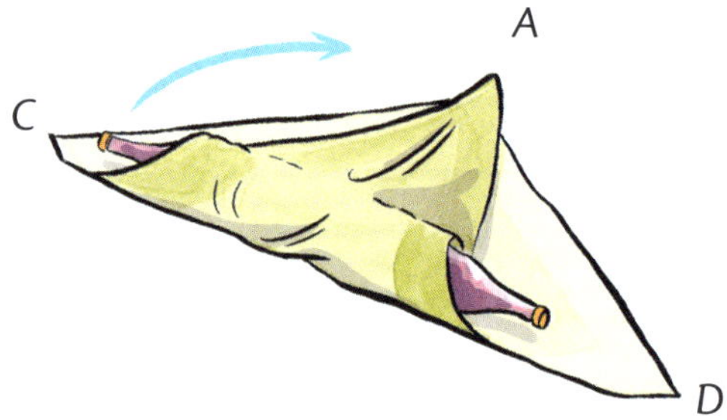

2. *Repliez le coin B sur les bouteilles en l'amenant sur le coin A.*

3. *Enroulez les bouteilles dans le tissu, toujours vers le coin A.*

瓶二本

4. *Redressez les bouteilles et aplatissez le tissu situé entre elles. Avec les pointes, c'est-à-dire C et D, faites un nœud pour la poignée au-dessus des bouteilles.*

VARIANTE

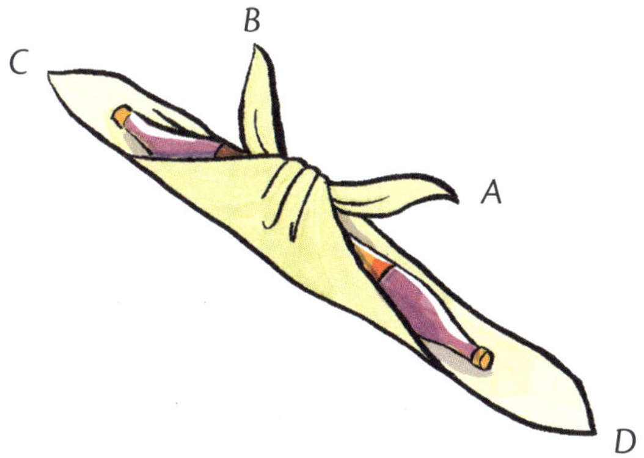

1-2. *Faites comme à l'étape 1 puis prenez le coin A et le coin B et attachez-les au milieu des bouteilles avec un nœud simple.*

3. *Soulevez les bouteilles, prenez les coins C et D et créez un nœud* ma musubi *en haut, en tenant devant vous le nœud simple créé avec les coins A et B.*

4. *Enroulez les bouteilles avec les coins A et B, puis faites un nœud* ma musubi *de l'autre côté des bouteilles pour sécuriser le paquet. Maintenant qu'il est terminé, vous pouvez décorer le* furoshiki *avec de simples fleurs sauvages, comme des fleurs de mauve.*

WA BIN TSUTSUMI

和瓶包み

C'est un modèle très simple, et si vous ne teignez que les coins de tissu, le cordon central sera d'une couleur différente du reste du paquet. Ce *furoshiki* est généralement utilisé pour les bouteilles de saké. Pour accentuer l'ambiance japonaise, teignez les coins en indigo et laissez le reste du tissu en blanc.

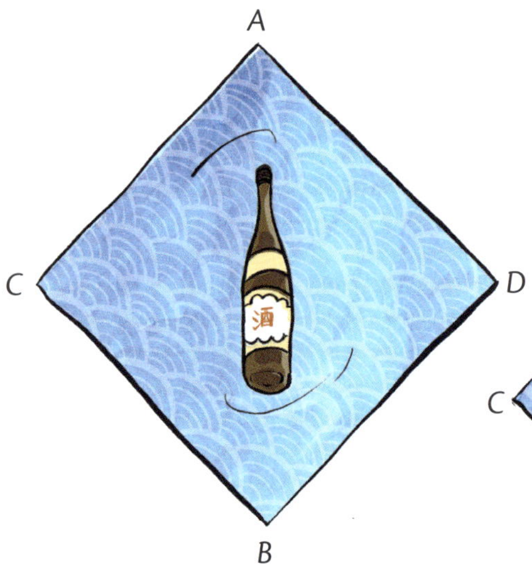

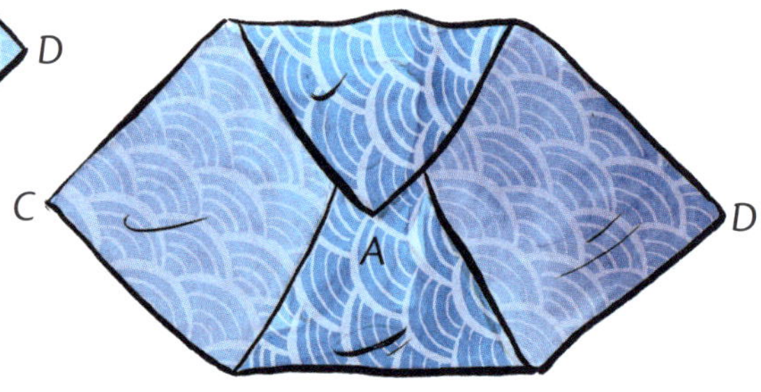

1. *Positionnez le* furoshiki *en diagonale afin qu'il forme un losange et couchez la bouteille au centre, verticalement.*

2. *Repliez le coin B vers le coin A, puis le coin A sur le B.*

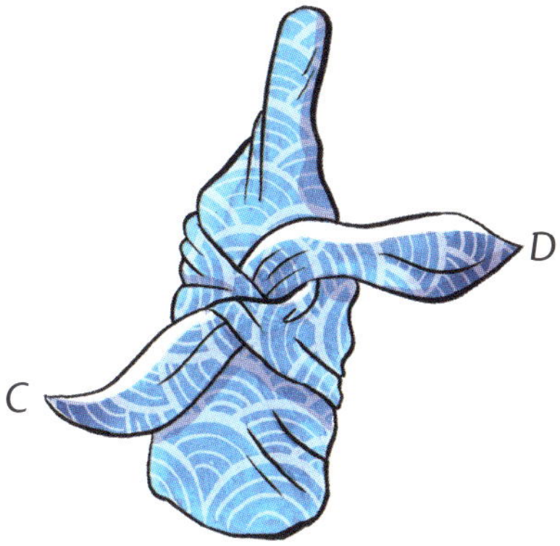

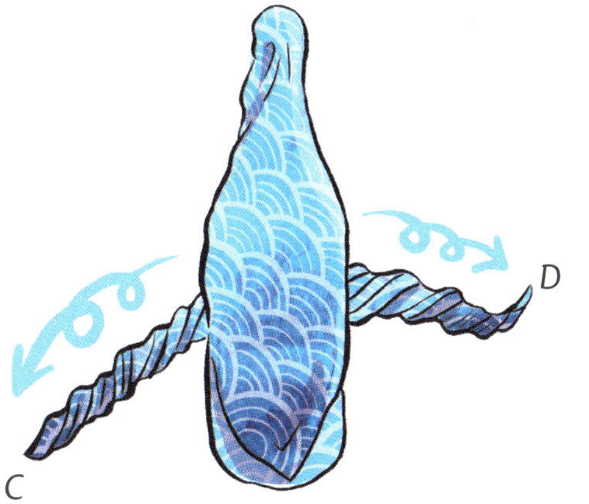

3. *Prenez les coins C et D et croisez-les au milieu de la bouteille, en serrant bien. Remettez la bouteille debout.*

4. *Entortillez les pointes C et D sur elles-mêmes mais dans un sens opposé, pour en faire des cordes. Tourner la bouteille rendra les choses plus faciles.*

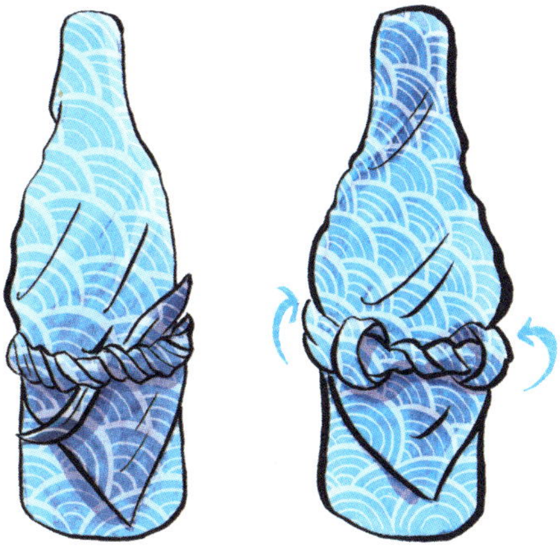

5. *Nouez les deux extrémités ensemble avec un nœud simple et passez les deux extrémités à l'intérieur du cordon qui aura été formé.*

6. Le furoshiki *est terminé. Vous pouvez le décorer avec des brins de lavande fraîche ou, si ce n'est pas la saison, de lavande séchée.*

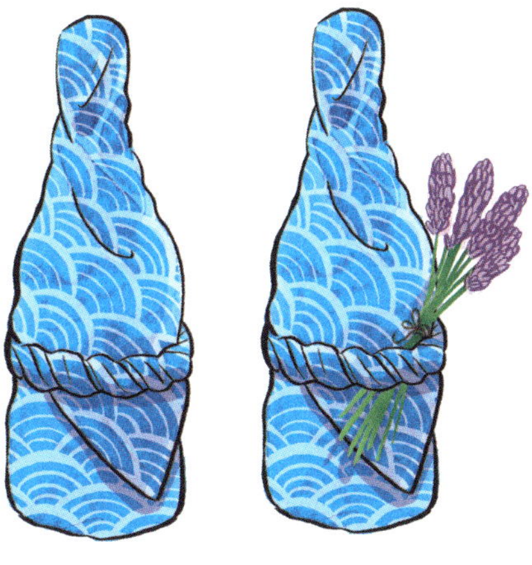

TANJOUBI BIN TSUTSUMI

誕生日

C'est un *furoshiki* très élégant à réaliser avec la bouteille couchée, à moins que vous n'ayez quelqu'un pour vous aider à faire la ruche autour du goulot. Si vous utilisez l'imprimé *ichimatsudori*, peut-être avec deux côtés unis et deux côtés à motifs, vous aurez le corps central du *furoshiki* travaillé et le nœud en couleur unie. Très élégant, ce *furoshiki* est souvent utilisé pour des bouteilles de cérémonie ou des bouteilles offertes lors d'anniversaires.

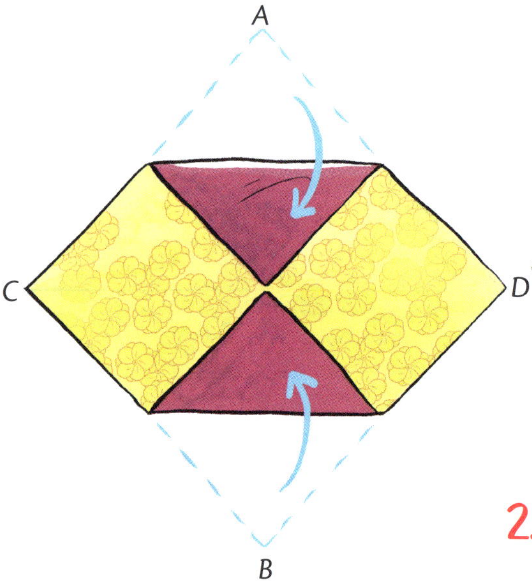

1. *Avant de placer la bouteille, repliez le coin A et le coin B vers le centre du* furoshiki.

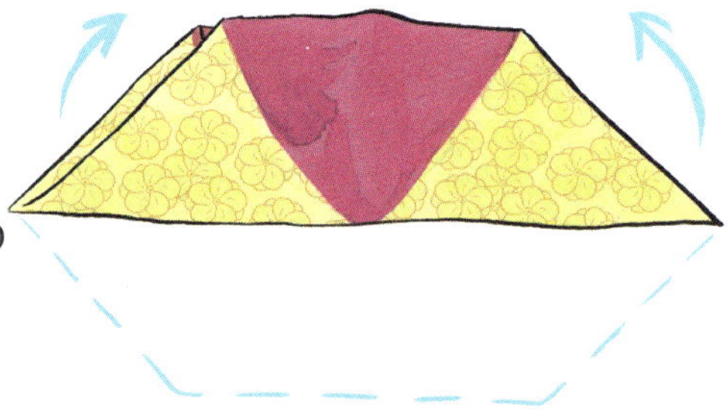

2. *Placez la bouteille verticalement au milieu du coin A plié et recouvrez-la avec le coin B en le gardant plié. Entre les deux pans de tissu, vous devriez voir apparaître le bouchon de la bouteille, mais ce n'est pas essentiel.*

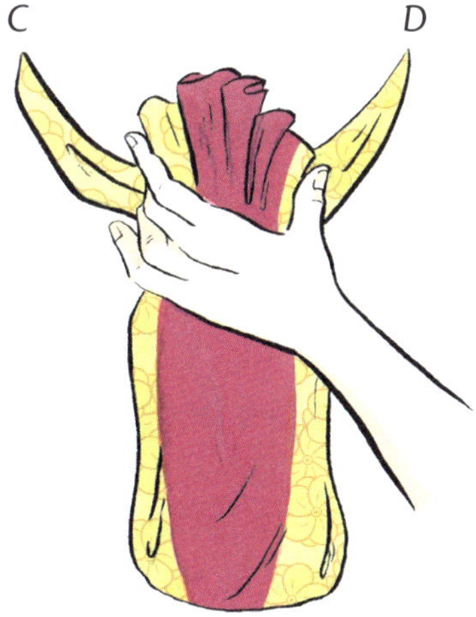

3. *Avec vos mains, serrez le* furoshiki *autour du goulot de la bouteille de manière à former une ruche sur les bords.*

4. *Croisez ensuite les coins C et D autour du goulot, là où vous aviez précédemment vos mains.*

5. *Tournez la bouteille sur elle-même et, avec l'extrémité des pointes croisées à l'arrière, faites un petit nœud* ma musubi *pour bien maintenir la ruche.*

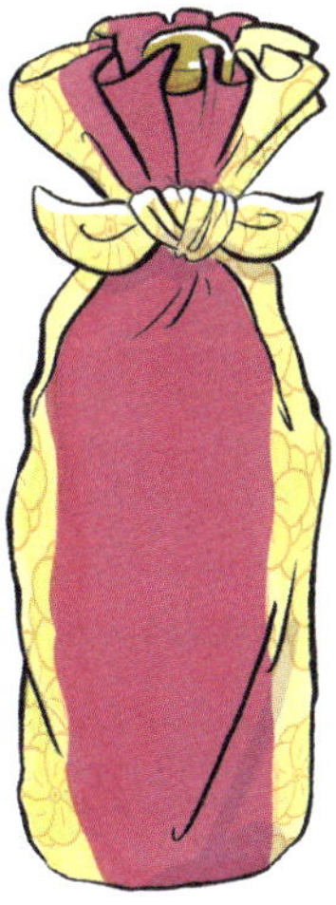

6. *Fixez le nœud et la ruche, le* furoshiki *est terminé.*

BIN MUSUBI

瓶結び

C'est un *furoshiki* facile à faire, même s'il n'en a pas l'air. Il est préférable de le réaliser avec un tissu imprimé *wakudori* ou *ichimatsudori*, en utilisant deux imprimés différents ou deux couleurs différentes, afin que le nœud central d'une couleur contraste avec le reste du *furoshiki*.
Si le tissu est large, la boucle latérale sera également large.
Enfin, vous pouvez embellir le nœud avec des branches fleuries.
Si vous utilisez l'impression *ichimatsudori*, vous aurez donc deux couleurs pour chaque partie et, au final, vous aurez un *furoshiki* d'une couleur, la boucle d'une autre couleur et le nœud central d'une troisième ; si vous utilisez la même couleur mais dans trois tons différents, vous aurez un *furoshiki* d'un très beau camaïeu.
Il est recommandé pour les bouteilles apportées en remerciement d'une invitation à dîner.

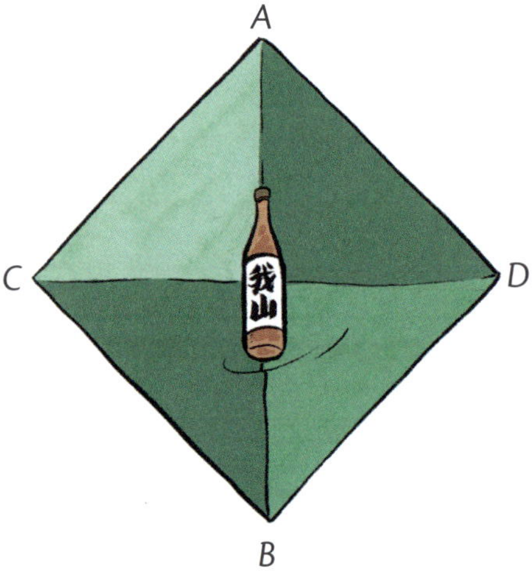

1. *Placez la bouteille couchée au centre du* furoshiki *positionné en diagonale.*

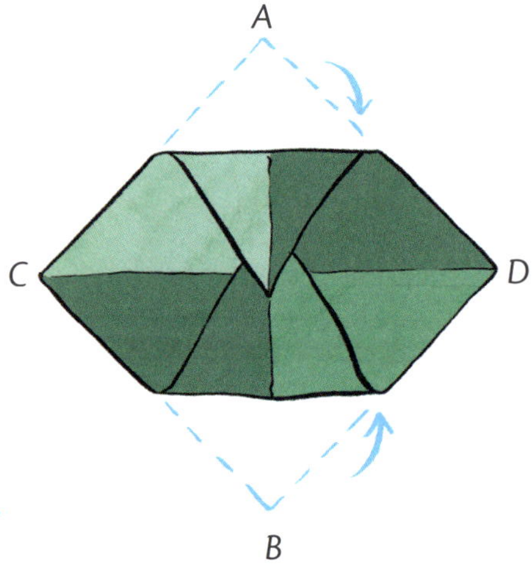

2. *Pliez le coin B vers le coin A et le coin A sur B.*

3. *Mettez la bouteille debout. Prenez le coin D et formez une boucle à mi-hauteur de la bouteille.*

4. *Avec le coin C, enroulez la boucle de bas en haut…*

5. *… puis passez la pointe du coin C derrière la boucle et nouez-la avec un nœud simple.*

6. *Vous aurez alors les deux pointes de tissu sous la boucle : une au milieu et une sur le côté.*

7. *Prenez la pointe C et repliez-la vers le haut pour recouvrir le nœud central. Terminez en lissant les plis et en arrangeant le nœud pour qu'il soit bien serré.*

RIBON TSUTSUMI

リボン包み

C'est un modèle très beau et élégant, souvent utilisé pour les cadeaux importants. Le nœud final doit être un gros nœud, qui peut être décoré ou teint pour le mettre encore plus en valeur. Pour l'imprimé, le *tategawari* est préférable, car le nœud aura alors une couleur ou un motif différent du reste du *furoshiki*.

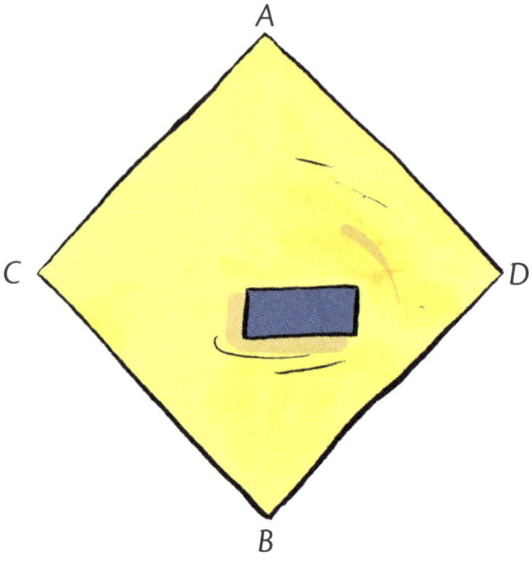

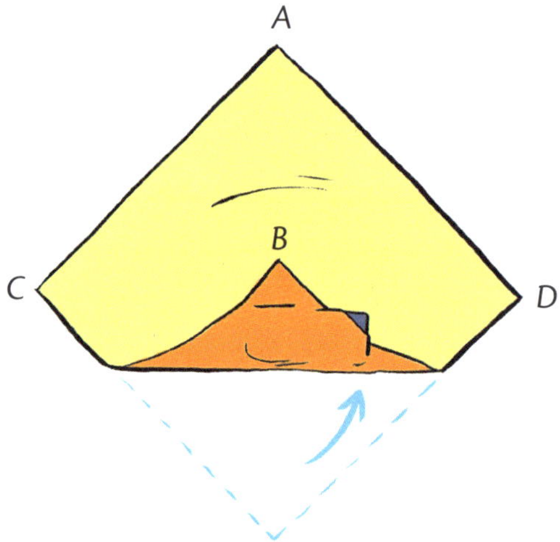

1. *Avec le* furoshiki *disposé en forme de losange, marquez les deux diagonales (c'est-à-dire une ligne de C à D et une de A à B) par des traits légers. Placez ensuite l'objet à envelopper sous la ligne C-D, légèrement décalé vers D, comme indiqué sur le dessin.*

2. *Rabattez le coin B vers le coin A.*

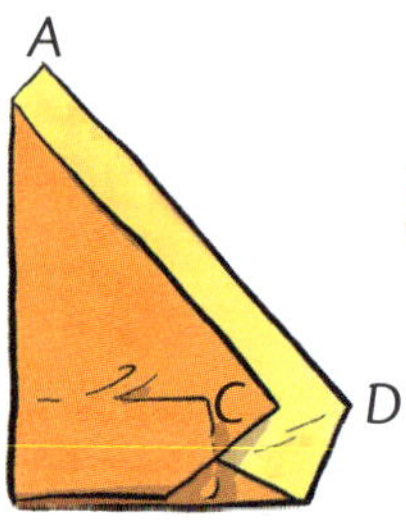

3. *Et pliez le coin C vers l'intérieur, en couvrant l'objet.*

4. *Ramenez ensuite l'objet enveloppé vers A, en le faisant tourner sur lui-même.*

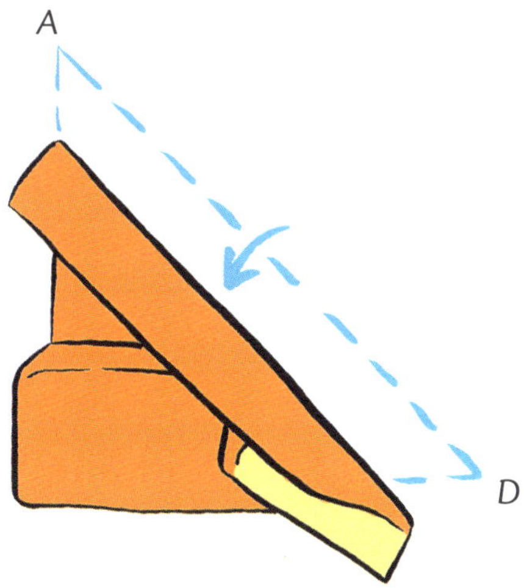

5. *S'il y a beaucoup de tissu sur le côté entre A et D, repliez-le vers le centre.*

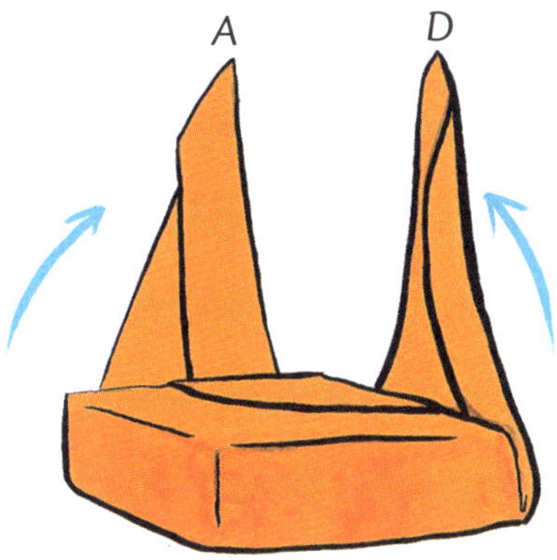

6. *Prenez les coins A et D et réunissez-les en un nœud* ma musubi.

7. *Écrasez le centre du nœud et façonnez bien les parties extérieures. Voilà… le* furoshiki *est terminé.*

8. *Avec son nœud excentré, ce* furoshiki *est simple mais élégant. Décorez-le d'une seule grande feuille, comme celle de l'aralia du Japon.*

TSUBOMI TSUTSUMI

蕾包み

Ce *furoshiki* est particulièrement adapté aux petits objets cylindriques, mais s'utilise également pour des objets carrés tels que les boîtes à biscuits, les coupelles et les boîtes à chapeau. Le nœud à l'extrémité ressemble à un petit bouton de rose avec des feuilles sur le côté. Si vous teignez le tissu avec deux coins verts et deux rouges, c'est-à-dire un imprimé *ichimatsudori*, le bourgeon sera rouge et les coins verts formeront des feuilles. Mais vous pouvez utiliser toutes les couleurs que vous voulez, en contraste ou en nuance. Expérimentez jusqu'à ce que vous trouviez *vos* couleurs !

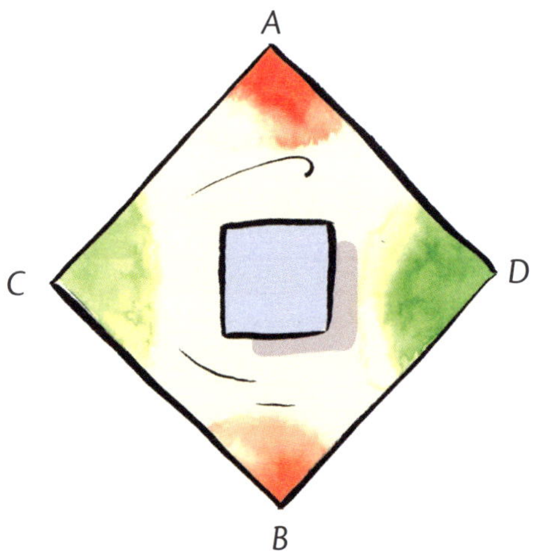

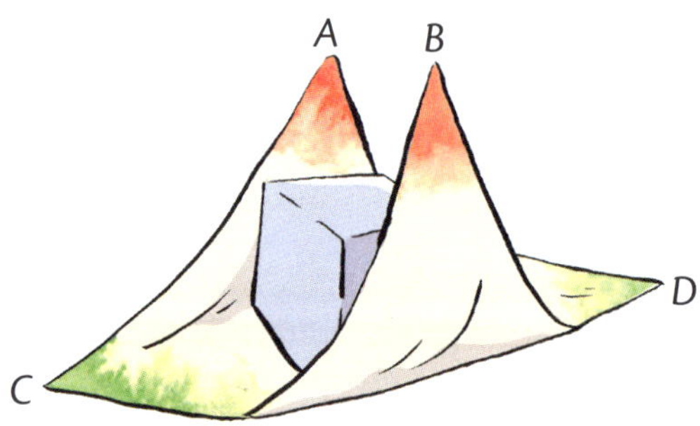

1. *Placez la boîte au centre du* furoshiki, *positionné en diagonale.*

2. *Soulevez les coins A et B et vérifiez que le cadeau se trouve bien au centre.*

3. *En tenant ces deux coins, prenez les coins C et D et placez-les derrière les deux premiers, l'un par la gauche, l'autre par la droite.*

4. *Puis ramenez les pointes des coins C et D vers l'avant et faites un nœud* ma musubi.

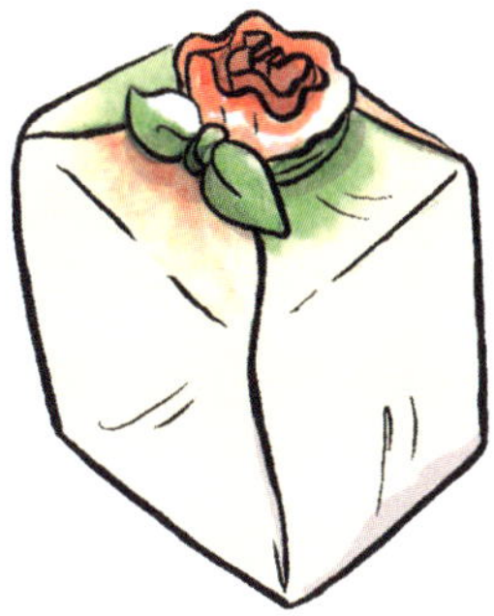

5. *Prenez maintenant les pointes A et B et enroulez-les depuis leur base, respectivement dans le sens des aiguilles d'une montre ou dans le sens inverse. Enfin, pliez l'extrémité vers l'intérieur et une fleur sera formée.*

6. *Pour décorer ce* furoshiki, *déjà élégant avec sa belle fleur au centre, procurez-vous de vrais boutons de rose, et vous formerez alors un bouquet.*

VARIANTE

6. *Suivez les instructions jusqu'à l'étape 5, puis, au lieu de créer un bourgeon avec les pointes dressées, faites-le avec les pointes nouées, en laissant celles du centre verticales.*

HANA TSUTSUMI

花包み

Voici un autre *furoshiki* adapté aux boîtes cylindriques et qui crée également une fleur. Au Japon, les fleurs sont vénérées, il existe même des festivals dédiés, comme c'est le cas pour les *sakura,* ces magnifiques cerisiers du Japon, symboles de force et de courage. Ce sont également les fleurs des samouraïs. Les Japonais ont même un mot pour désigner à la fois la beauté de l'observation des fleurs et leur éclosion : *hanami*. Ce qui ne signifie pas simplement observer, mais contempler. Une fois la fleur réalisée, si le contenu vous le permet, c'est-à-dire si ce que vous avez emballé ne risque pas de décongeler ou de se détériorer, peignez, avec une couleur contrastée, les pétales de la fleur.

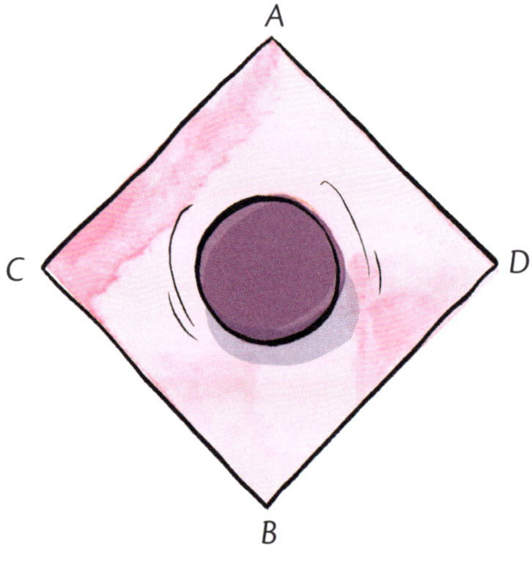

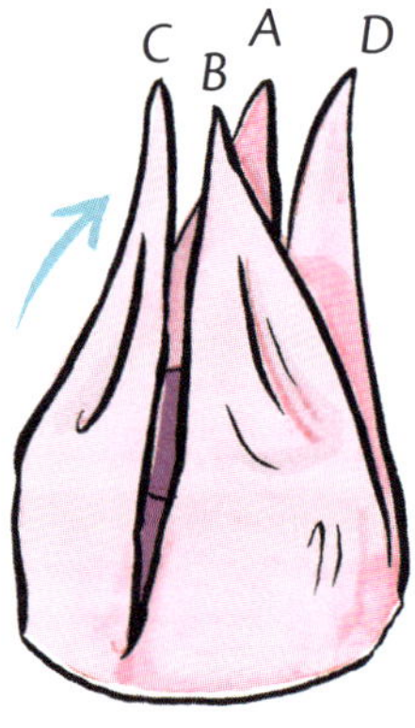

1. *Placez l'objet au centre du* furoshiki, *positionné en diagonale.*

2. *Soulevez les quatre coins.*

3. *En tenant d'une main les trois coins A, B et C, enroulez-les avec le coin D. Puis passez l'extrémité de la pointe D dans le nœud.*

4. *Disposez le nœud et les plis de façon régulière sur le paquet pour former une sorte de fleur rappelant un iris.*

5. *Si vous le souhaitez, vous pouvez souligner les pétales de la fleur en les peignant avec une couleur contrastée. Bien laisser sécher avant de manipuler le* furoshiki.

VARIANTE

6. *Faites toutes les étapes jusqu'à l'étape 5, puis prenez le coin D et pliez-le, au centre, pour créer un pistil à la fleur.*

HANATABA TSUTSUMI
花束包み

Hana signifie « fleur » en japonais, et pour ce *furoshiki,* cela signifie « bouquet de fleurs ».
On voit souvent des bouquets enveloppés de Cellophane transparente, ce qui n'a rien de naturel. À la place, un tissu brut tel que le jute ou le lin vous permettra d'envelopper le bouquet sans perdre en élégance. Si vous gardez quelques pièces de tissu dans la voiture (pliées, elles prennent très peu de place dans la boîte à gants), elles seront utiles pour improviser un cadeau acceptable, fait à partir de quelques fleurs sauvages cueillies spontanément dans la campagne et emballées avec un *furoshiki*. Par exemple, si vous vous arrêtez pour dîner ou déjeuner après votre promenade. C'est écolo, zéro déchet et bon marché !

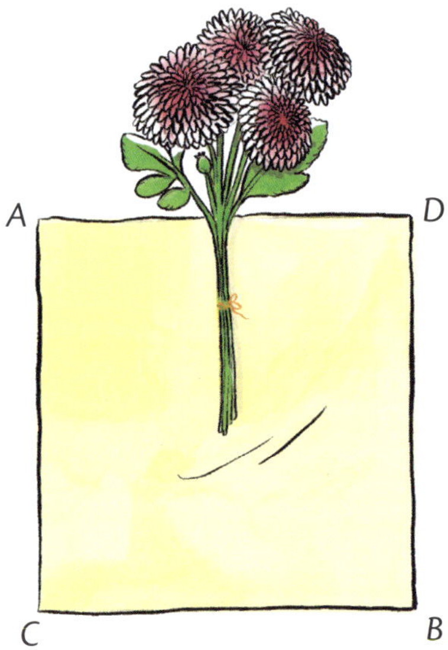

1. *Posez le* furoshiki *droit devant vous et placez le bouquet, les fleurs et les feuilles dépassant, au centre du bord supérieur.*

2. Nouez le coin A avec le coin D en n'effectuant qu'un seul nœud.

3. Soulevez les coins B et C et ramenez-les vers le nœud, de manière qu'ils recouvrent les tiges.

4. Croisez les coins B et C à l'arrière du bouquet, puis retournez-le.

5. Enfin, attachez les pointes des coins B et C au centre du paquet.

BASUKETTO TSUTSUMI

バスケット

Ce *furoshiki* nous permet d'envelopper des paniers de formes diverses, à condition qu'ils aient deux poignées latérales. C'est une méthode particulièrement recommandée pour recouvrir une corbeille de fruits, mais aussi un panier de pique-nique. Si vous utilisez un grand *furoshiki*, vous pourrez également emballer une caisse en bois.

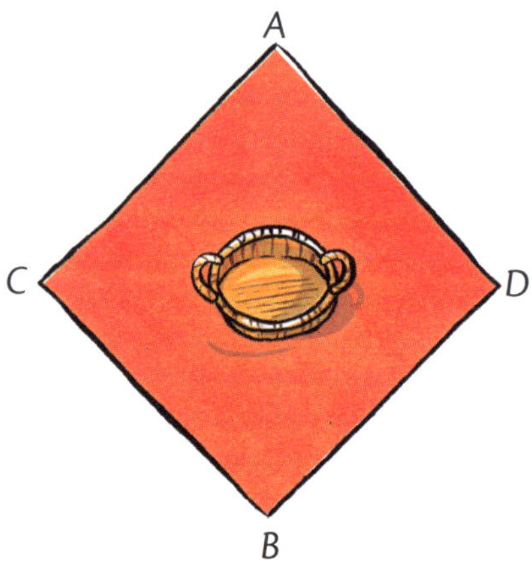

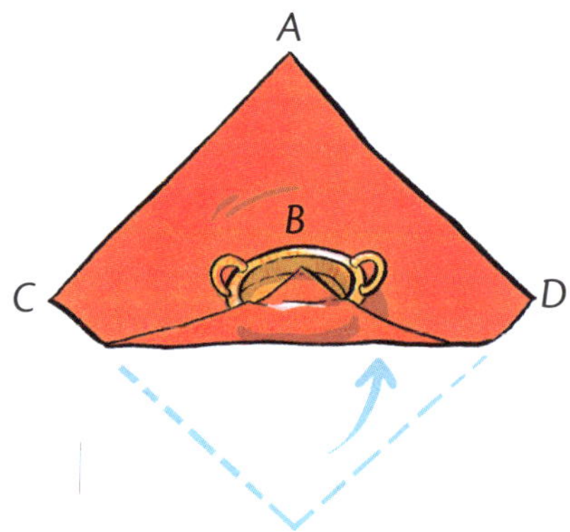

1. *Placez le* furoshiki *en diagonale pour qu'il forme un losange, avec le panier au milieu.*

2. *Soulevez le coin B et ramenez-le vers A, en recouvrant le panier.*

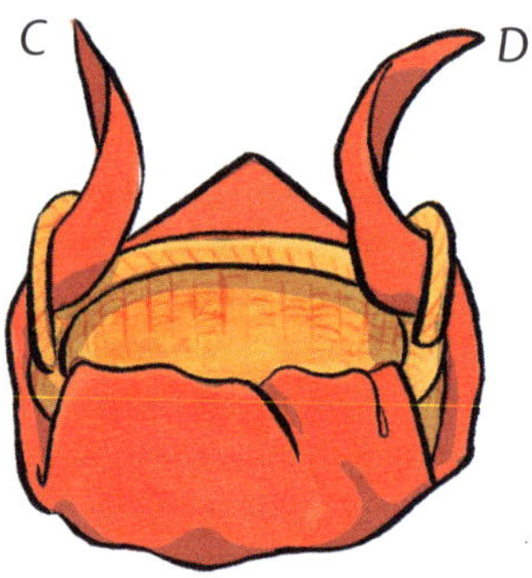

3. *Passez le coin C dans l'anse gauche du panier, et le coin D dans l'anse droite.*

4. *Recouvrez l'intérieur du panier, mais laissez le coin A disponible. Prenez ensuite les pointes C et D et entortillez-les, chacune dans un sens.*

5. *Joignez-les par un petit nœud, pour former ainsi la poignée.*

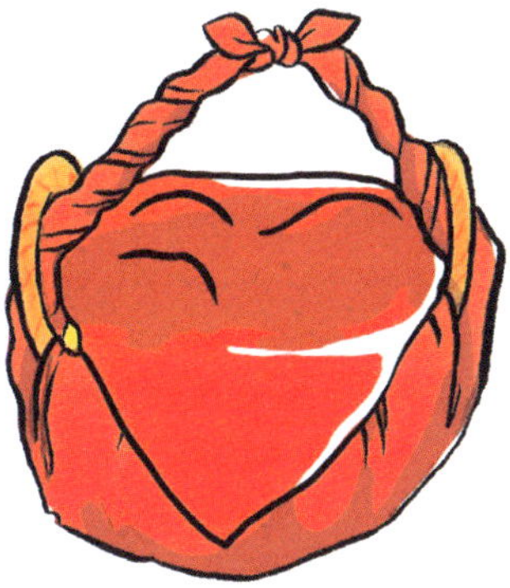

6. *Le furoshiki est terminé. Le coin A est utilisé pour couvrir le contenu du panier.*

VARIANTE

4. *Suivez les instructions jusqu'à l'étape 3, puis placez immédiatement le coin A et le coin B à l'intérieur du panier, de sorte que la nourriture, ou ce que vous allez mettre dans le panier, reste bien visible, comme dans les paniers de Noël.*

ZABUTON TSUTSUMI

座布団包み

Vous verrez, il est très simple à réaliser. Il reprend la technique à deux nœuds comme pour le *yotsu musubi*, mais elle permet ici de créer de très beaux emballages pour des oreillers ou de grands vêtements comme des manteaux ou même des couvertures (bien pliées).
Souvent, lorsque nous devons offrir de gros cadeaux, nous ne savons pas comment les emballer : voilà le problème résolu !
Réalisé sur les coussins de canapé, en revanche, ce pliage vous aidera à donner… de nouvelles couleurs et de nouveaux motifs à votre salon. Dans ce cas, faites le « paquet » pour vous-même ! Vous pourrez alors vous servir d'écharpes achetées lors d'un voyage ou de tissus que vous avez toujours aimés : faites-en des carrés et utilisez-les pour recouvrir les coussins du canapé de temps en temps. Ils donneront un nouveau look à toute la pièce.

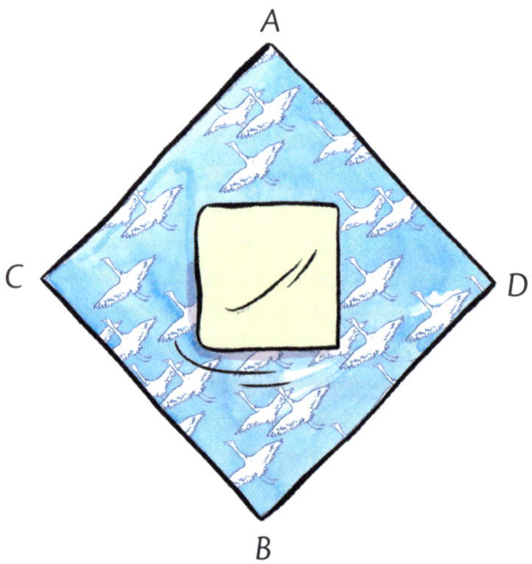

1. *Placez le coussin au centre du* furoshiki, *positionné en losange.*

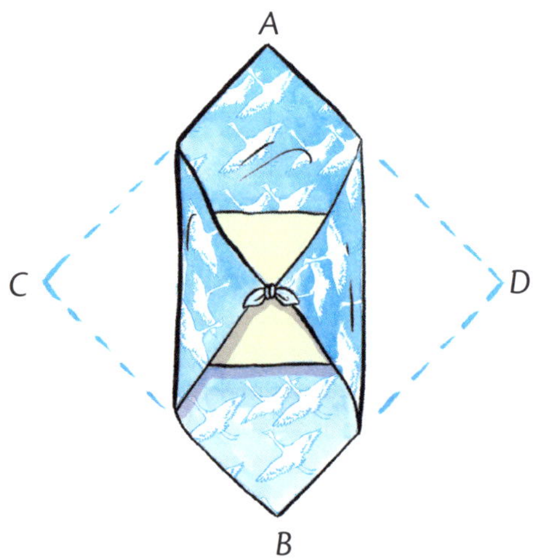

2. *Prenez les coins C et D et faites un premier nœud, qui peut être un nœud simple ou un nœud double.*

3. *Pliez les coins A et B vers le centre du paquet et faites un nœud* ma musubi.

VARIANTE

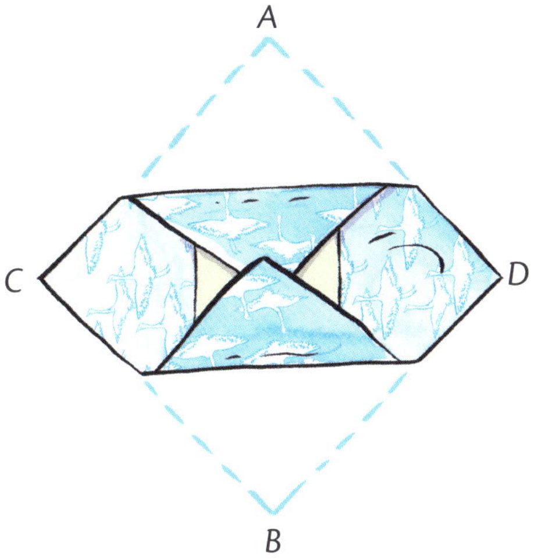

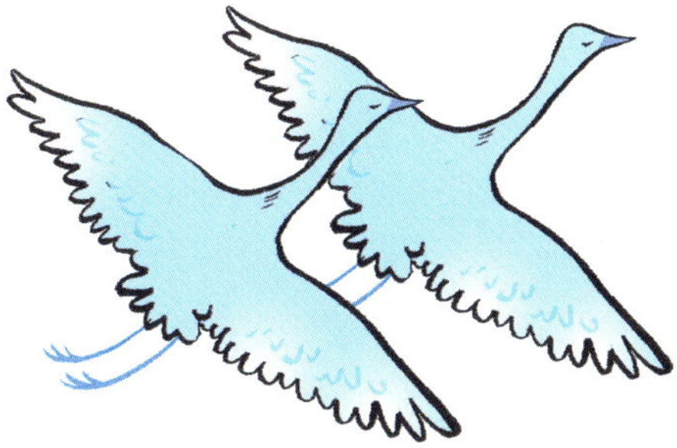

1-2. *Après avoir effectué l'étape 1, pliez d'abord le coin A puis le coin B vers le centre.*

3. *Prenez les coins C et D et attachez-les avec un nœud* ma musubi *au-dessus des coins A et B. La pointe du coin A apparaîtra sous le nœud.*

NIMAI TSUTSUMI

二枚包み

Deux *furoshiki* de tailles différentes sont nécessaires pour ce modèle. La solution la plus courante consiste à placer le plus petit *furoshiki* sur le plus grand, mais l'inverse fonctionne, surtout si vous voulez une fleur au centre. Avec le plus grand sur le dessus, il est plus facile de créer les pétales en pliant les coins. Alors, expérimentez ! Prenez un objet au hasard et commencez à créer des nœuds différents. Une fois encore, des *furoshiki* de différentes couleurs permettront d'obtenir des compositions fantastiques.

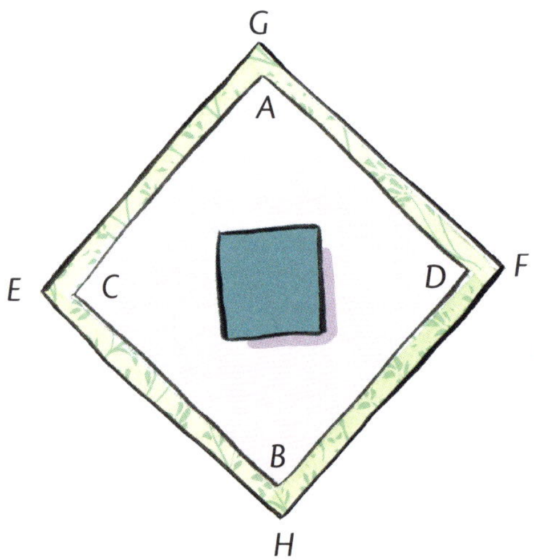

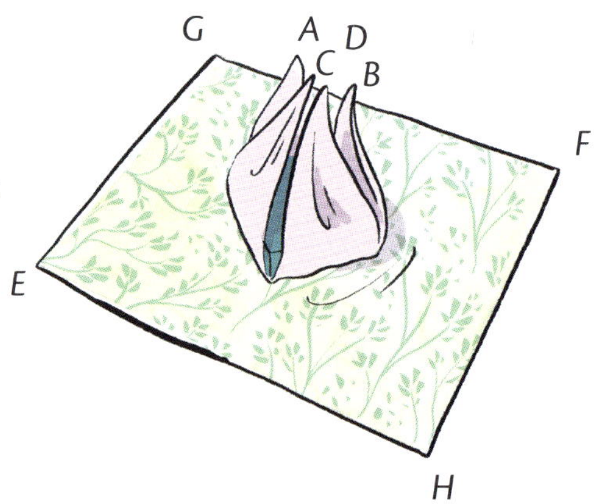

1. *Placez les deux* furoshiki *l'un sur l'autre, positionnés en losange ; s'ils sont de tailles différentes, le plus petit va sur le dessus. Placez l'objet à envelopper au centre.*

2. *Attrapez les quatre coins du premier* furoshiki *en les tenant d'une main.*

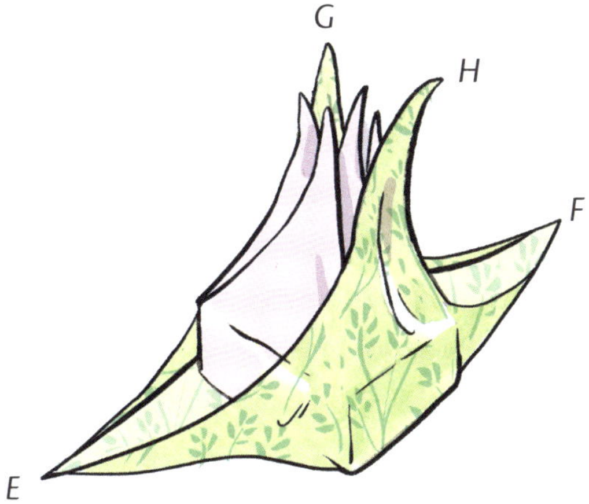

3. Puis levez les coins G et H du furoshiki du dessous.

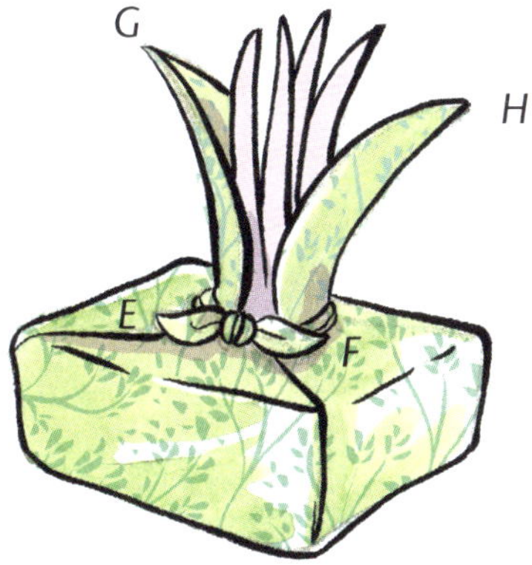

4. Ensuite, prenez les coins E et F du second furoshiki et, en les croisant à l'arrière, faites qu'ils enroulent la base des pointes. Fermez avec un nœud ma musubi.

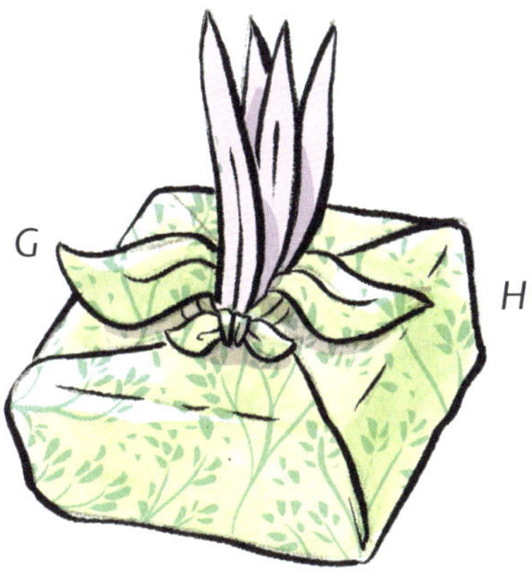

5. À ce stade, il suffit d'abaisser les coins G et H du second furoshiki pour créer les feuilles.

6. Avec les coins A, B, C et D du premier furoshiki, formez les pétales de la fleur en repliant les pointes à l'intérieur du nœud.

7. Vous pouvez décorer le furoshiki avec de simples brins d'herbe ou des plantes vertes des champs.

FUKURO TSUTSUMI

袋包み

C'est un mélange entre un sac et un *furoshiki*, ou plutôt c'est un *furoshiki* avec une poignée ! Il est utile pour emballer un cadeau assez important, comme un tableau, mais aussi plusieurs petits cadeaux, par exemple si vous êtes invité à un dîner et que vous voulez apporter quelques produits à déguster ensemble, ou des petites pensées pour tout le monde lors d'un apéritif chez un ami, ou pour rassembler des carnets de croquis et des peintures pour les enfants. L'imprimé *katamigawari* garantit un bel effet final.

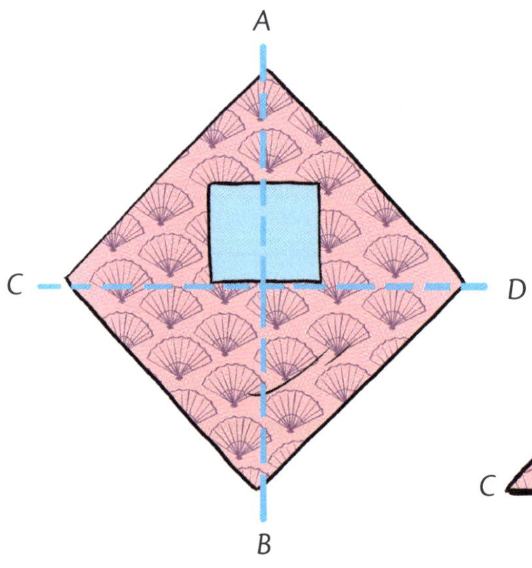

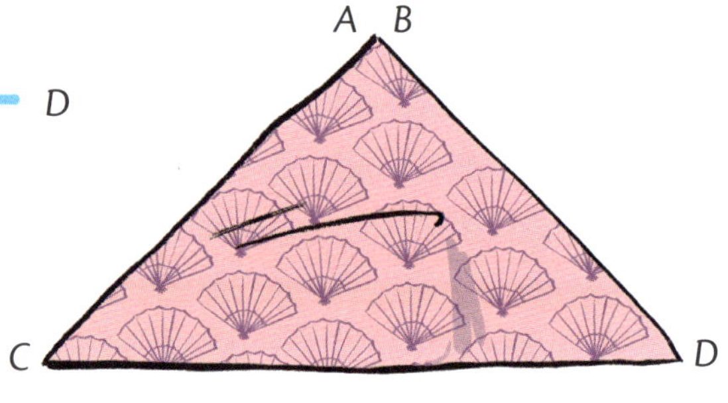

1. *Placez l'objet sur la moitié haute du* furoshiki *positionné en losange.*

2. *Soulevez le coin B et posez-le sur le coin A.*

3. *Prenez les coins C et D et attachez-les avec un nœud* ma musubi *au centre du* furoshiki.

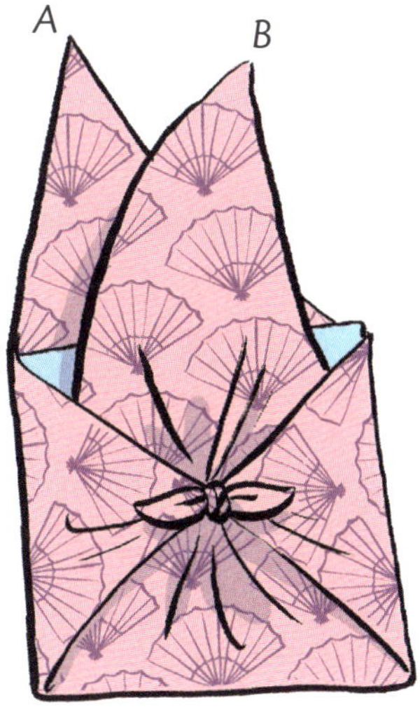

4. *Nouez ensemble les pointes des coins A et B pour former la poignée.*

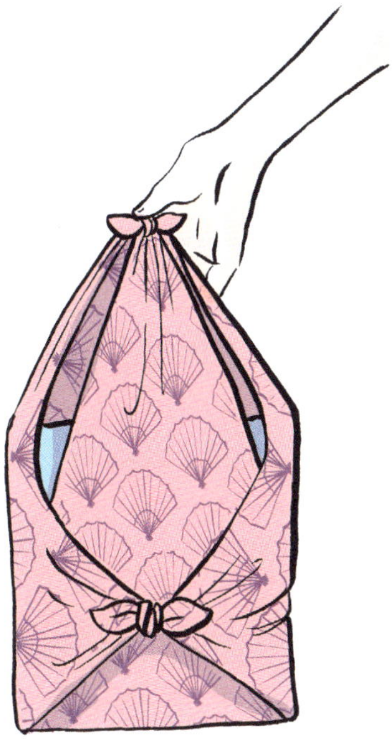

5. Le furoshiki *est terminé.*

6. *Si vous utilisez l'impression* ichimatsudori, *le nœud frontal sera constitué de deux motifs différents.*

NOOTO TSUTSUMI

ノート包み

Il s'agit d'un *furoshiki* très simple et très contemporain : remarquez qu'il ne comporte ni nœuds ni boucles. Il est principalement utilisé pour couvrir des livres ou des cahiers, surtout lors de voyage, car il permet de les garder propres et intacts.
Si vous souhaitez emballer un livre pour l'offrir en cadeau, vous pouvez également le faire avec un petit *furoshiki*. Après avoir bien pris les mesures, vous pouvez décorer la partie qui est placée sur la couverture, pourquoi pas avec une dédicace personnelle.
On peut aussi fermer ce *furoshiki* simple et l'agrémenter de cordons faits de bandes de tissu déchirées ou d'une tresse de bandes de différentes couleurs : quand on coupe un *furoshiki* à la maison, il reste toujours de petits morceaux de tissu dans lesquels on peut couper des bandes.

1. *Placez le furoshiki droit et non en biais.*

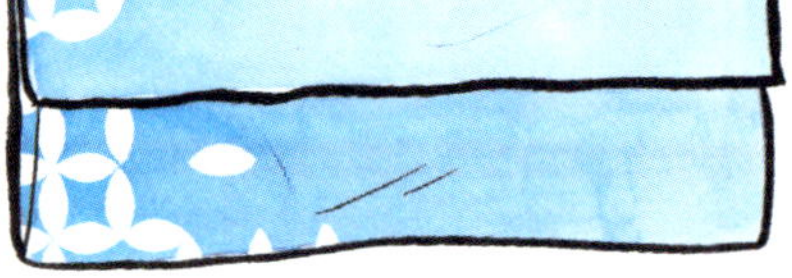

2. *Pliez le rabat inférieur vers le centre, puis pliez la partie supérieure vers le centre de la même manière.*

3. *Prenez le côté droit et pliez-le vers l'intérieur mais pas jusqu'au milieu. Faites de même avec le côté gauche.*

4. *Placez le livre au milieu du* furoshiki, *puis ouvrez la couverture et glissez-la dans les rabats formés par les pliages précédents.*

5. *À ce stade, vous pouvez fermer le livre.*

SHASHIN TSUTSUMI

写真包み

C’est l’un des *furoshiki* les plus difficiles, mais cela en vaut la peine car il est réellement beau. Si vous utilisez un tissu avec un imprimé *wakudori*, vous obtiendrez un magnifique effet final. La partie centrale avec les pages reste libre car seule la couverture est recouverte. Comme ce *furoshiki* est très joli, il est recommandé pour les volumes qui le garderont, par exemple les albums photo après des vacances, une cérémonie ou un événement spécial, pour offrir aux invités ou aux amis avec lesquels on a partagé ces moments. Ou si vous voulez donner ou couvrir un journal intime ou un agenda.
La taille du *furoshiki* dépend de la taille du livre ou de l’album à couvrir.

1. *Posez le* furoshiki *bien droit, avec le livre ouvert au milieu.*

2. *Repliez les deux rabats latéraux sur la couverture du livre.*

3. *Retournez le furoshiki et le livre.*

4. *Repliez les parties supérieure et inférieure vers le centre.*

5. *Nouez ensemble les extrémités haute et basse de chaque côté, à savoir A avec C, et D avec B.*

6. *Vous pouvez maintenant fermer le livre.*

FURUUTSU TSUTSUMI

フルーツ

Il s'agit d'un modèle très simple à réaliser.
Il est idéal pour emballer une coupe de fruits à offrir, mais aussi pour garnir un panier, par exemple lors de la cueillette de châtaignes. Dans ce cas, comme il est constitué du même rabat unique, au lieu d'un *ma musubi*, le nœud sera un *hitotsu musubi*.

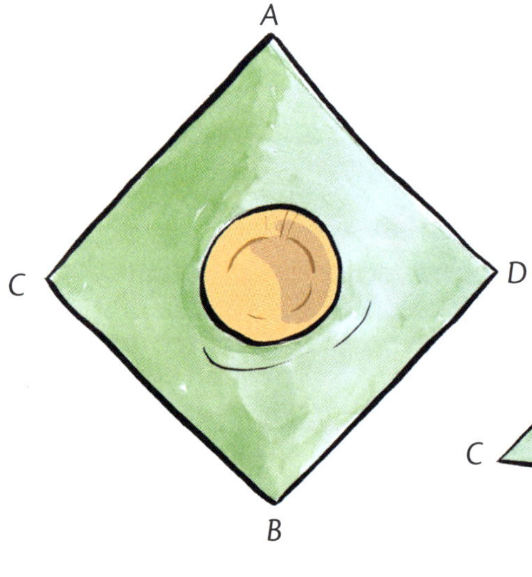

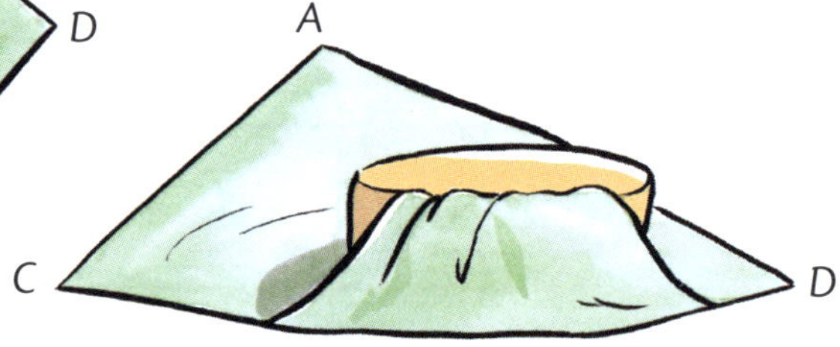

1. *Placez le panier au centre du tissu, positionné en losange.*

2. *Repliez le coin B, c'est-à-dire celui qui est le plus proche de vous, dans le panier.*

3. *Ensuite, pliez le coin A, en l'amenant à l'intérieur du panier.*

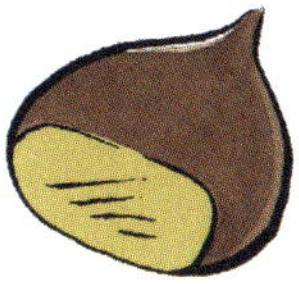

4. *Avec le coin C, faites un nœud* hitotsu musubi *tout contre le panier. Répétez l'opération avec le coin D.*

5. *Attachez maintenant les pointes des coins C et D ensemble avec un petit nœud pour former l'anse.*

KAIMONO TSUTSUMI

買い物包み

Ce *furoshiki* convient aussi bien aux paniers en osier avec une anse centrale qu'aux paniers de supermarché. Si vous y mettez vos courses, après être passé à la caisse, vous pourrez défaire les nœuds et créer ainsi un sac, ce qui vous évitera de transférer vos commissions.

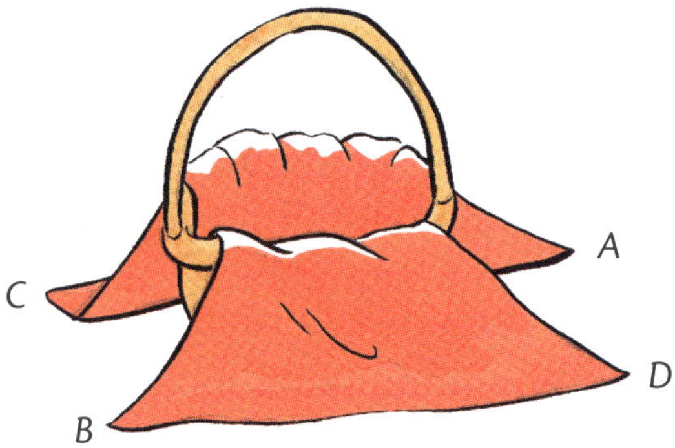

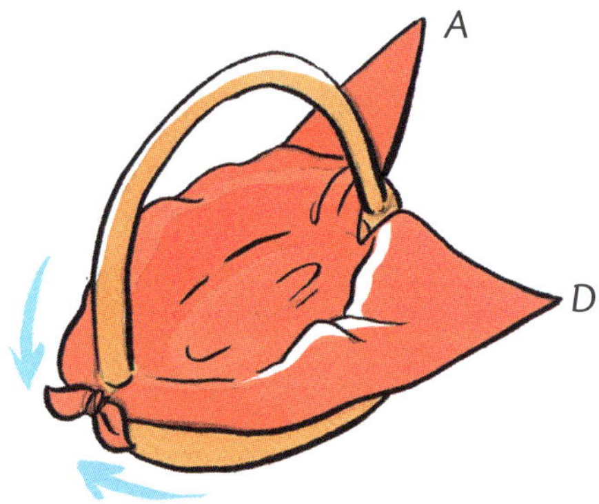

1. *Répartissez le* furoshiki *à l'intérieur du panier.*

2. *Prenez les coins C et B et faites un premier nœud autour de l'une des bases de l'anse.*

3. *Prenez ensuite les coins A et D et faites un second nœud de l'autre côté de l'anse. Ce simple* furoshiki *est maintenant terminé.*
Ce procédé s'applique également aux paniers de supermarché (si le furoshiki *est assez grand).*

4. *Comme il s'agit d'un panier avec une anse, vous pouvez le décorer en enroulant du lierre tout autour, ainsi qu'au bord du panier.*

VARIANTE

Si vous offrez un sac avec anse, vous pouvez l'emballer avec cette variante de *furoshiki*.

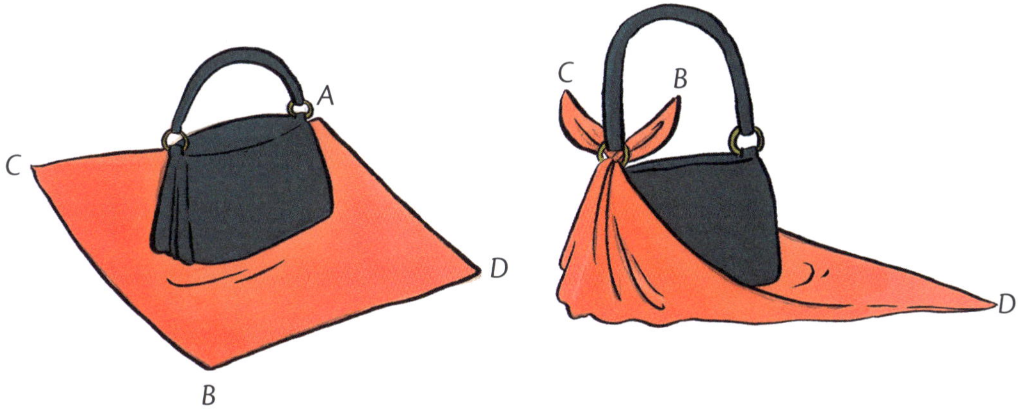

1-2. *Placez le sac au centre du* furoshiki, *puis prenez les coins C et B et faites le premier nœud à la base de la poignée du sac.*

3. *Prenez les coins A et D et faites un autre nœud, sur l'autre côté de la poignée.*

BIIRU TSUTSUMI

ビール包み

Il s'agit d'un *furoshiki* conçu spécialement pour transporter des canettes de bière, mais vous pouvez l'utiliser pour tout ce que vous voulez, du jus de fruits à l'eau pétillante, en passant par les pots de confiture maison. La forme de la canette est en fait la même que celle de nombreux autres objets que nous trouvons dans nos cuisines.

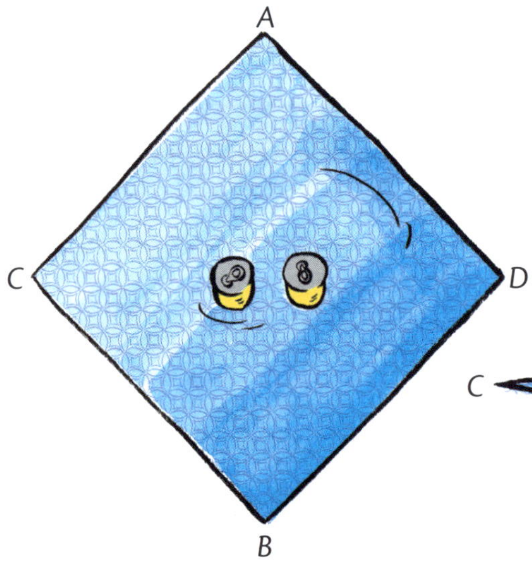

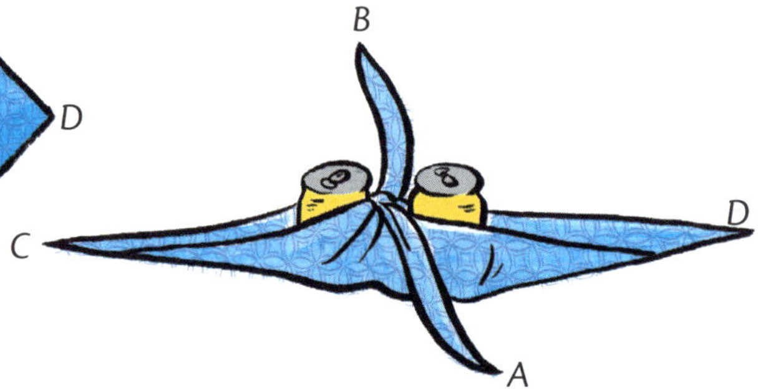

1. *Placez les deux canettes ou bocaux debout au centre du* furoshiki*, positionné en losange, en laissant un espace libre entre eux.*

2. *Nouez le coin A et le coin B ensemble au centre avec un nœud simple.*

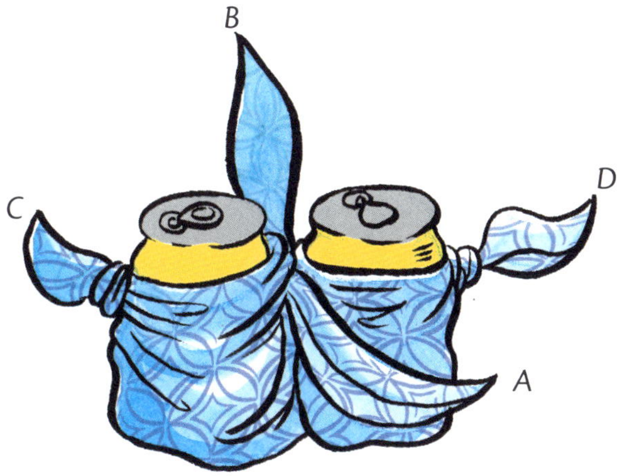

3. *Prenez le coin C et faites un nœud* hitotsu musubi *contre la canette. Répétez l'opération avec le coin D du côté de l'autre boîte.*

4. *Entortillez les pointes A et B sur elles-mêmes (mais en sens inverse) et attachez-les avec un nœud* ma musubi *à leurs extrémités pour former une poignée.*

5. *Ce* furoshiki *s'adapte également au transport de deux pots de confiture ou autres produits faits maison. Les enfants peuvent aussi emporter deux petites bouteilles d'eau au parc.*

BAGGU TSUTSUMI

バッグ包み

Il s'agit plus d'un sac que d'un *furoshiki*, et avec différentes techniques de teinture ou d'impression, nous pouvons créer de nombreux modèles. Celui-ci est très pratique pour les petits objets, tels qu'une poignée de bonbons ou des biscuits faits maison. Si vous utilisez un tissu blanc et que vous décorez ou teignez seulement un tiers du *furoshiki*, vous aurez une partie en couleur, le reste du sac restant neutre.

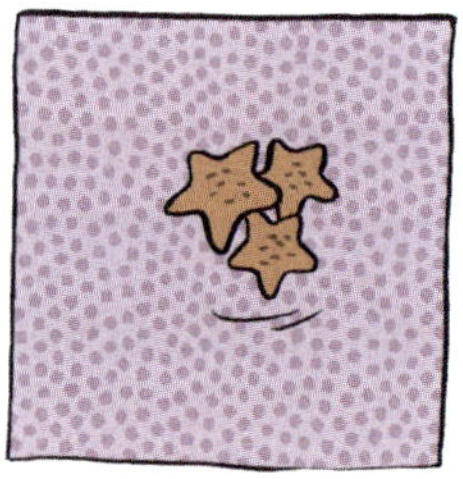

1. *Placez le* furoshiki *droit devant vous et installez les articles à emballer au centre, juste au-dessus du milieu.*

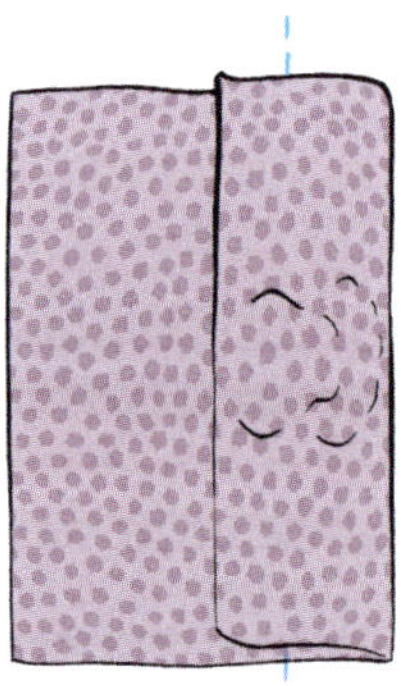

2. *Pliez le côté droit vers l'intérieur, en recouvrant les objets.*

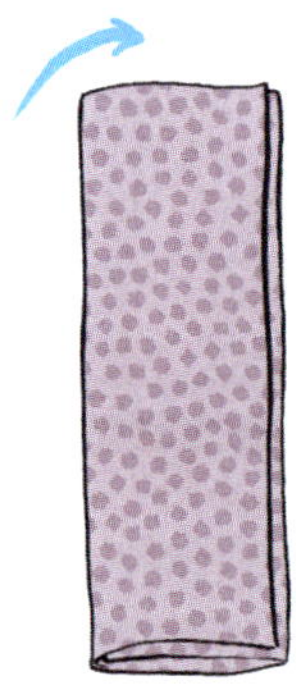

3. *Puis pliez le côté gauche, en recouvrant complètement le côté droit.*

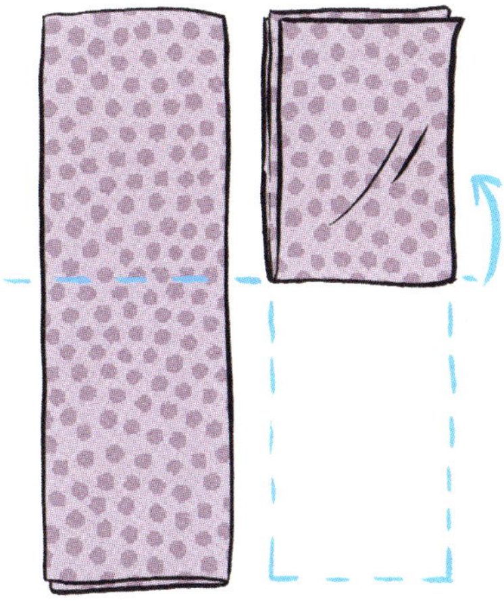

4. *Retournez le* furoshiki *de façon que les côtés pliés restent en dessous, puis pliez-le en deux, le bas allant sur le haut du tissu, comme illustré.*

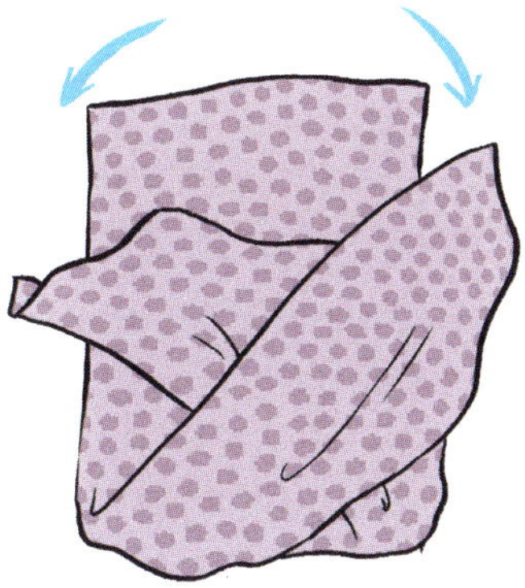

5. *Ouvrez les deux parties pliées du tissu pour former deux ailes tournées vers l'extérieur.*

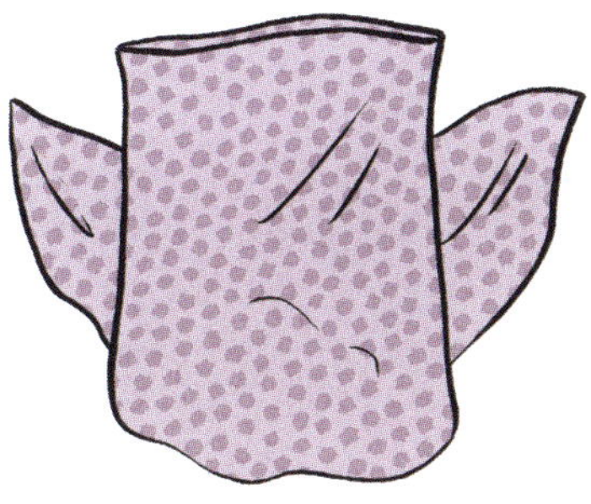

6. *Retournez le* furoshiki.

7. *Avec les deux ailes, faites un nœud* ma musubi *sur le devant, à mi-hauteur : vous aurez ainsi réalisé et fermé le « sac ».*

バッグ包み

SHIKAKU BAGGU

四角バッグ

Ce *furoshiki* est idéal pour faire en même temps un petit paquet et un sac, par exemple si vous offrez un vinyle. Comme il a une poignée et qu'il est léger, vous pouvez même l'accrocher au sapin en prévision du réveillon de Noël. Le fait que les poignées soient enroulées le rend original, convenant, par exemple, aux petites filles pour leurs premiers sacs à main.

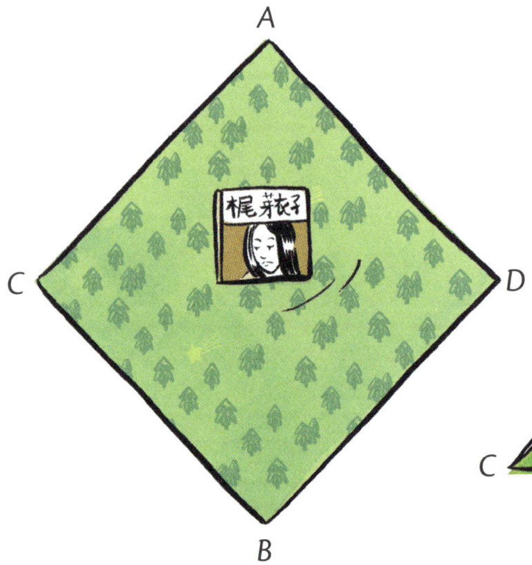

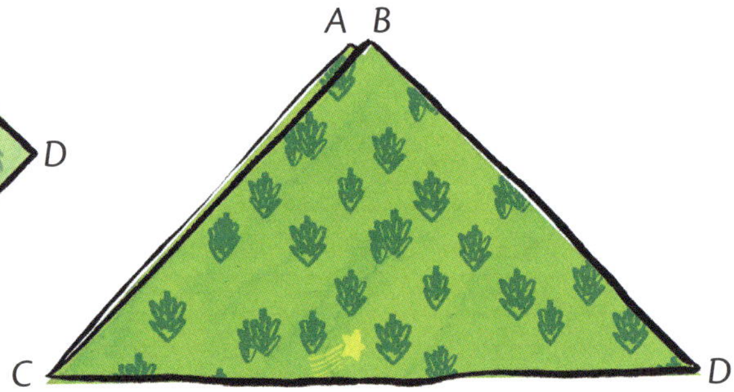

1. *Placez l'objet à envelopper au milieu et juste au-dessus du centre du* furoshiki*, positionné en losange.*

2. *Pliez le rabat B sur le rabat A pour former un triangle.*

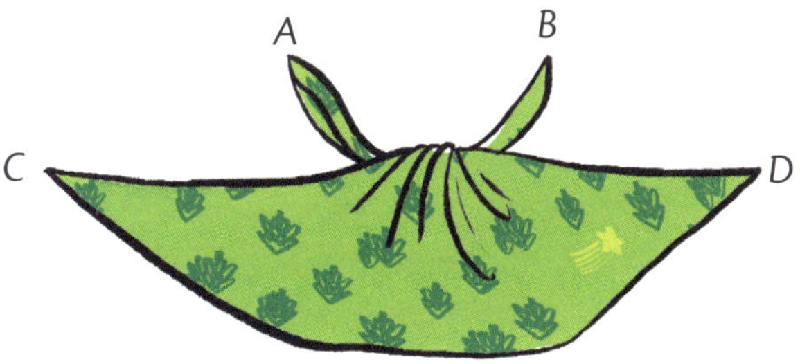

3. *Faites un nœud simple avec les coins A et B, de sorte que l'objet soit enfermé à l'intérieur.*

4. *Entortillez les deux pointes sur elles-mêmes, chacune dans un sens, puis attachez les extrémités avec un nœud* ma musubi.

5. *Nouez les coins C et D avec un nœud* ma musubi, *juste en dessous de la poignée.*

OSAKANA TSUTSUMI

お魚包み

Simple et avec un seul nœud ! Il s'agit d'un mélange entre une poche et un paquet : ce *furoshiki*, qui rappelle beaucoup le paquet utilisé par les pêcheurs pour emballer le poisson, est en fait très pratique pour des friandises faites maison à offrir en cadeau, comme des biscuits. Pour le tissu, l'imprimé *ichimatsudori* est le meilleur pour donner du relief au *furoshiki*, ou encore un imprimé *chirashi* avec des décorations inspirées de la mer.

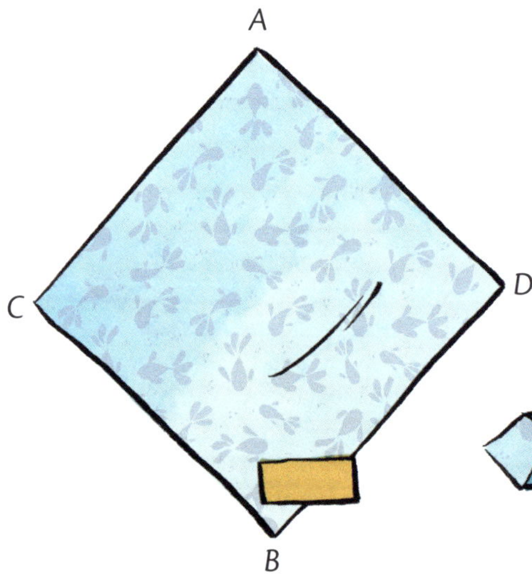

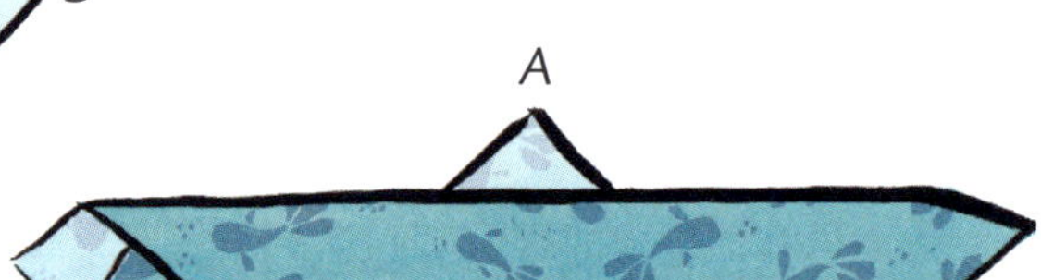

1. *Placez le cadeau en bas, à droite du coin B. Le* furoshiki *doit être positionné en losange.*

2. *Roulez le cadeau jusqu'au coin A.*

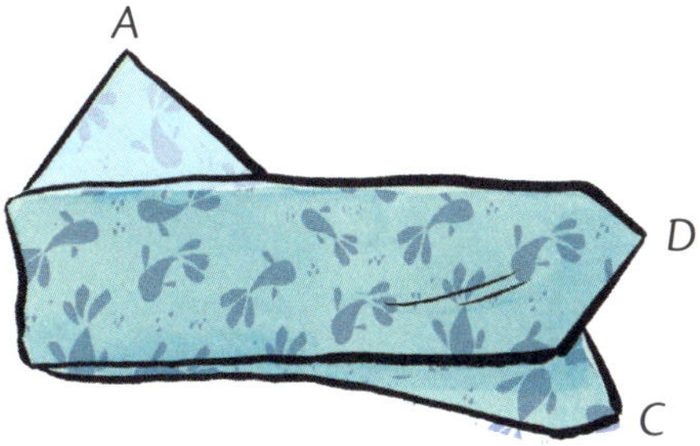

3. *Pliez le rabat C vers le rabat D. Le rabat C doit passer derrière l'objet pour arriver sous D.*

4. *Prenez le rabat C, enroulez-le autour du rabat D, et fermez par un nœud.*

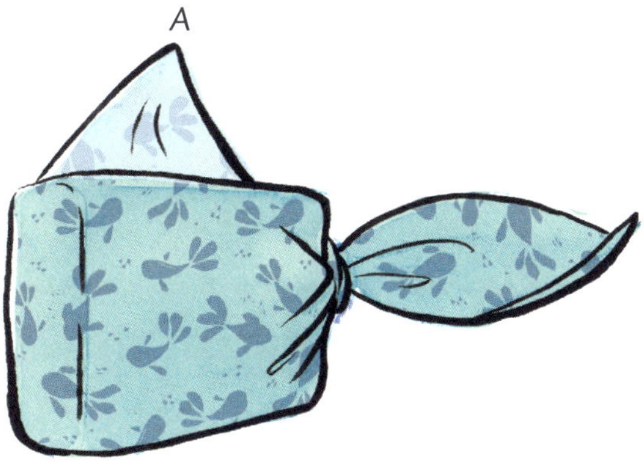

5-6. *Le* furoshiki *est terminé, mais si vous ne voulez pas voir l'extrémité du coin A, vous pouvez la coincer dans la poche formée par le pliage du coin C.*

包み

UEKI TSUTSUMI

植木包み

Il s'agit d'un *furoshiki* original et pratique, qui peut être utile pour offrir des plantes ou des boutures. Il est très facile à réaliser et à retenir. Certains s'aident de pinces à linge, comme vous pouvez le voir sur les dessins, mais elles ne sont pas indispensables : une fois que vous aurez acquis un peu de pratique, vous n'en aurez plus besoin. La seule précaution à prendre est de bien enrouler les poignées, l'une vers la droite, l'autre vers la gauche pour éviter un effet centrifuge. Autre recommandation peut-être évidente : que le vase ne soit pas trop grand ni trop lourd, pas plus de 17 cm de diamètre environ.

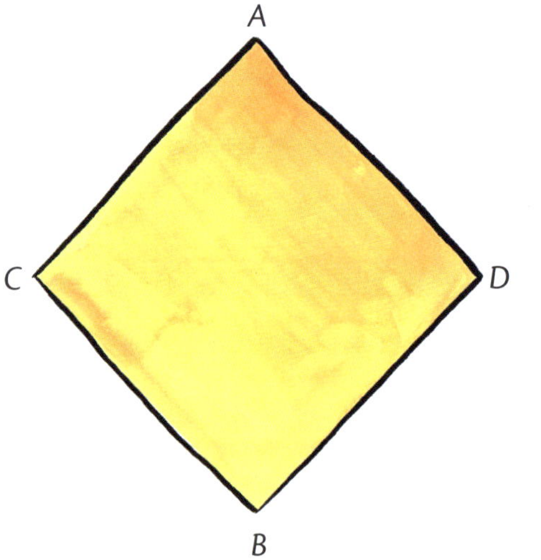

1. *Étalez le* furoshiki *en losange sur la table.*

2. *Repliez le coin A et le coin B vers le centre du* furoshiki, *puis placez le cache-pot au centre.*

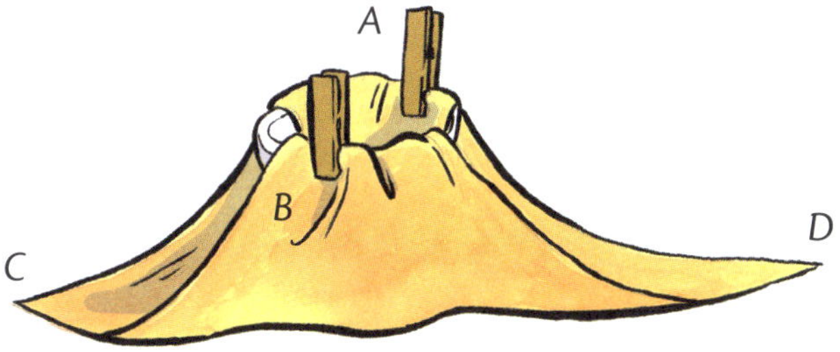

3. *Soulevez les parties A et B et fixez-les sur les côtés du cache-pot, à l'aide de pinces à linge.*

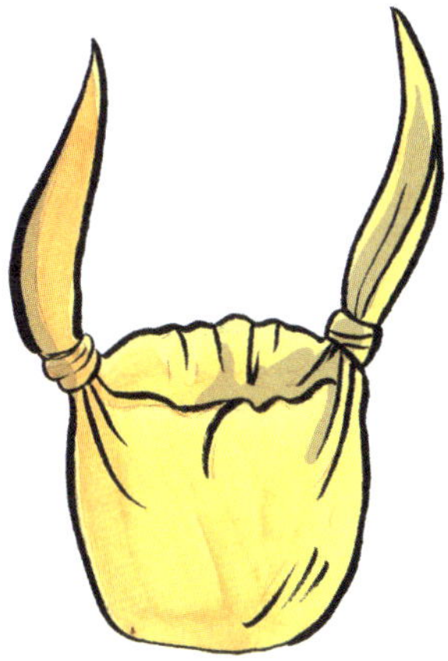

4. *Attachez maintenant les coins C et D avec un nœud* hitotsu musubi, *tout au bord du cache-pot.*

5. *Entortillez les pointes sur elles-mêmes, mais en sens inverse, puis attachez-les ensemble avec un nœud* ma musubi *pour former une poignée.*

6. *Enfin, placez la plante dans le cache-pot.*

WATASHI NO TSUTSUMI

私の包み

Ce *furoshiki*, combinaison de plusieurs modèles différents, est à la fois très simple et très élégant. Choisissez un imprimé uniforme visible sur un seul coin du tissu, puis gardez ce coin comme point A, de sorte qu'au final vous aurez la décoration à l'avant et au centre du *furoshiki*. Utilisez un tissu assez grand pour que les deux pointes latérales restent bien visibles.

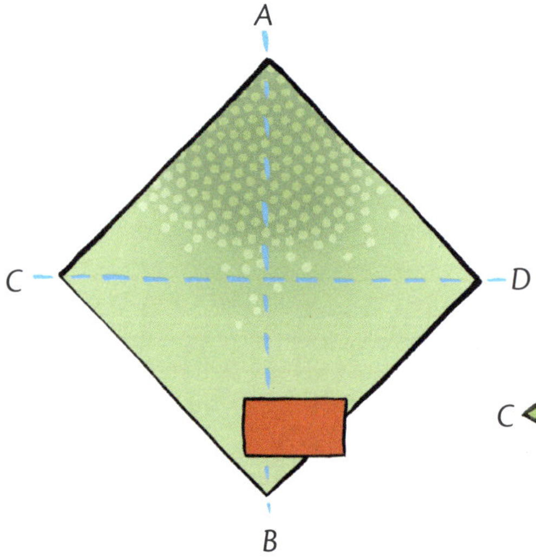

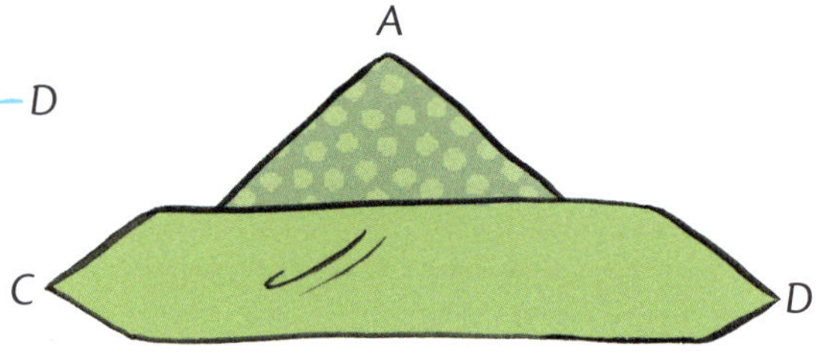

1. *Placez le cadeau en bas, à droite du coin B. Le* furoshiki *doit être positionné en losange.*

2. *Repliez le coin B sur l'objet et enroulez-le presque jusqu'au coin opposé A. Il est important que le coin du côté de C soit plus long que l'autre, afin de pouvoir faire le nœud du côté de D.*

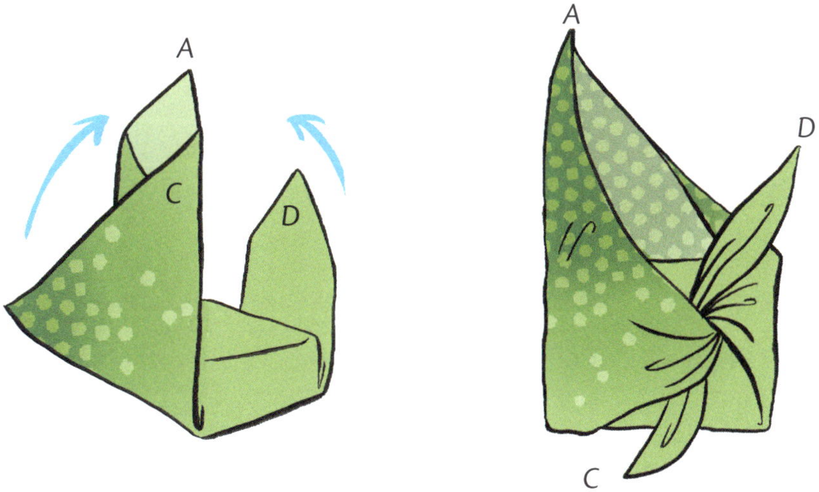

3. *Prendre les coins C et D et, en rabattant C vers D, les nouer en un seul nœud.*

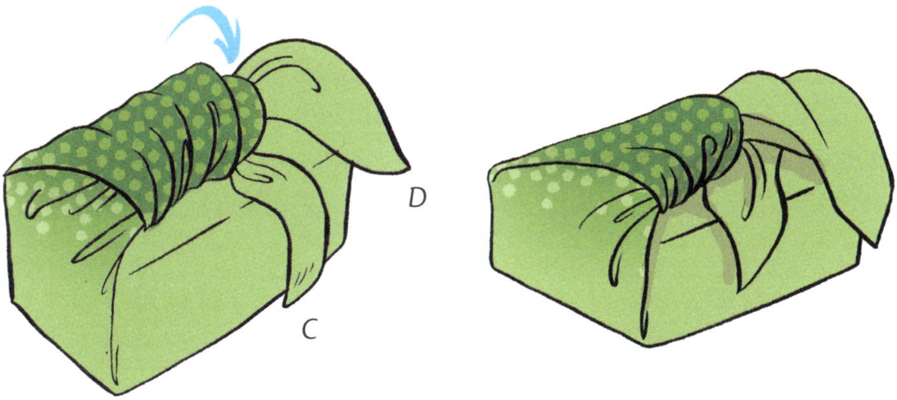

4. *Avec le coin A, recouvrez le nœud et la partie supérieure du paquet, en laissant les coins C et D libres sur un côté. Arrangez les plis du* furoshiki *et décorez éventuellement le* furoshiki *avec des tulipes.*

TAKENOKO TSUTSUMI

竹の子包み

Ce *furoshiki* est un peu complexe à réaliser mais, il est vraiment très beau. Avec un peu de pratique, vous pourrez également l'adapter à d'autres formes. Il est préférable d'utiliser un *furoshiki* de grande taille pour pouvoir créer les plis sur le devant, et si vous utilisez l'impression *ichimatsudori* pour colorier deux parties d'une couleur, la troisième d'une autre couleur et la quatrième d'une autre couleur encore, comme dans l'exemple dessiné, vous aurez des plis de trois couleurs différentes !

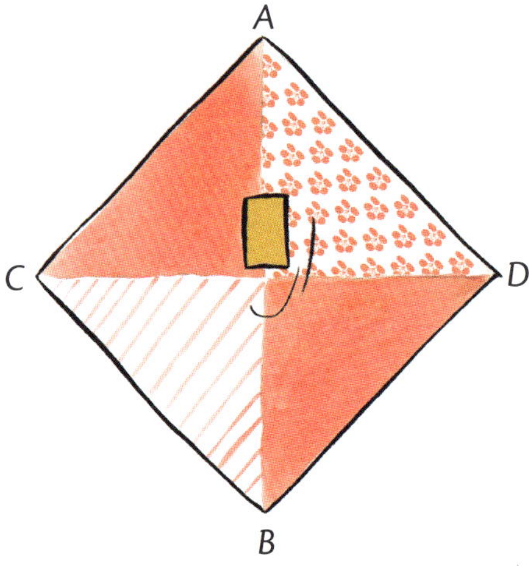

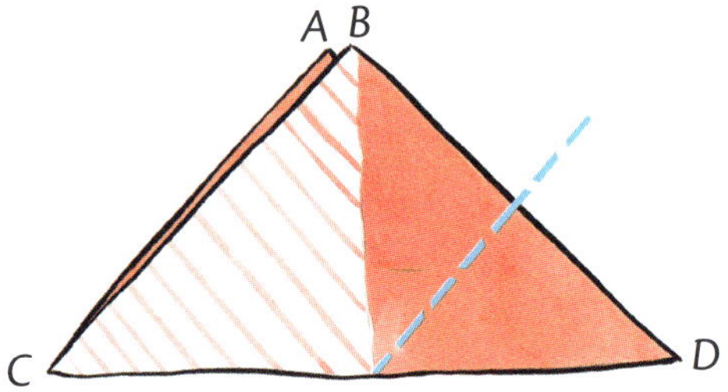

2. *Pliez le coin B sur le coin A, puis rabattez le coin D au milieu du côté B-D.*

1. *Placez le cadeau au centre, mais au-dessus du milieu du tissu, positionné en diagonale.*

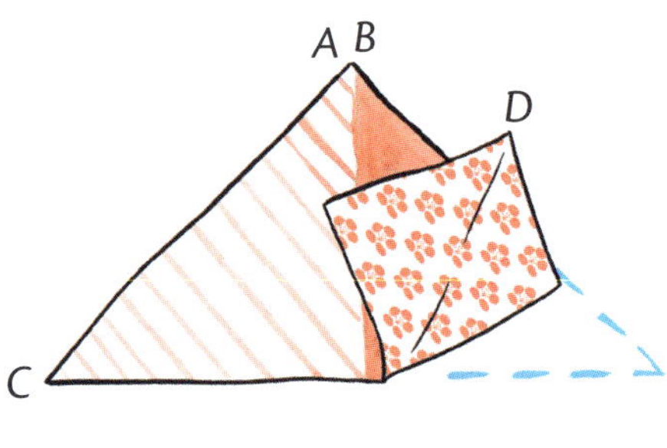

3. *Placez ce carré ainsi formé vers l'intérieur, entre A et C, sur l'objet à emballer.*

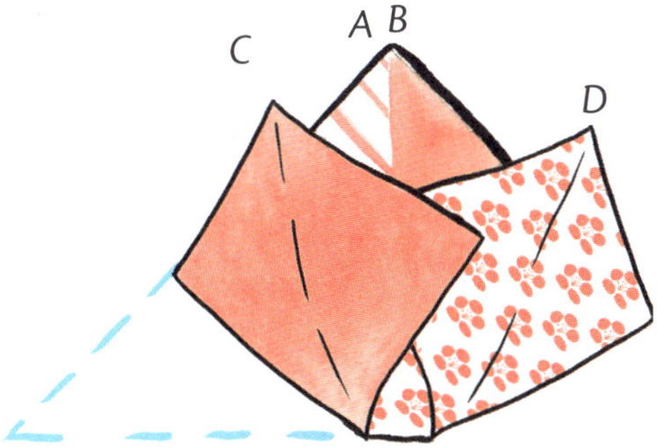

4. *Répétez la même opération avec la partie entre A et C, puis prenez ce carré et ramenez-le vers l'intérieur, sur l'objet, créant ainsi le deuxième pli.*

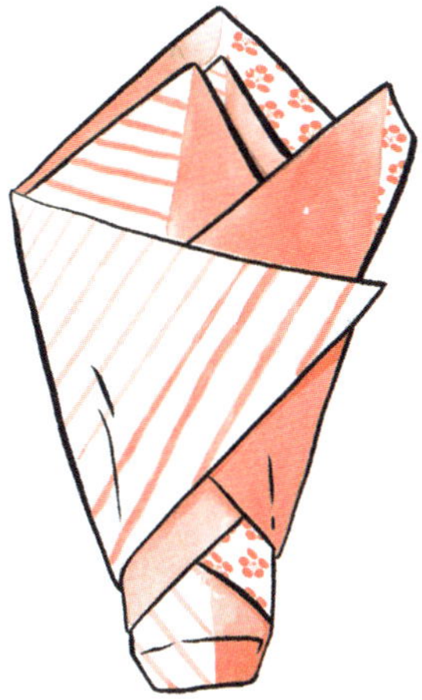

5. *Pliez la partie qui dépasse du triangle D, puis celle du C vers les premiers plis.*

6. *Regroupez tous les plis au-dessus du cadeau et lissez-les.*

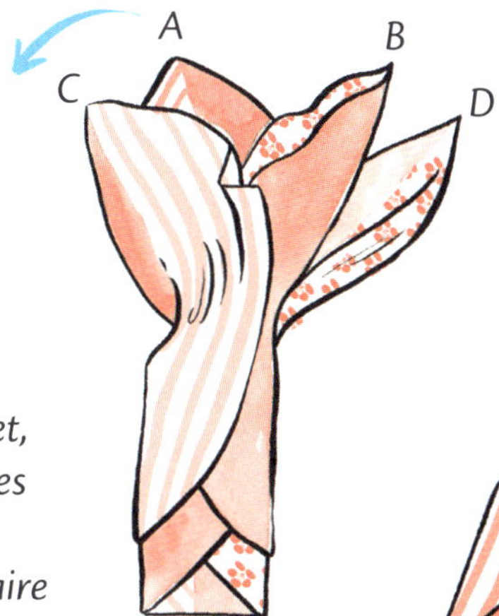

7. *Prenez le coin A à l'arrière et, en passant par l'avant, faites qu'il maintienne les autres. Lorsque vous avez fini de faire le tour, passez-le sous la boucle qui se sera formée.*

8. *Le furoshiki est terminé.*

SAC ÉCO

KATAKAKE BUKURO

肩掛け袋

Gardez toujours un *furoshiki* de 1 x 1 m dans votre sac ou dans la voiture, afin de pouvoir, en cas de besoin, confectionner ce sac simple mais très utile pour faire les courses ou aller chercher les vêtements au pressing. Il sera également très pratique pour transporter les jouets des enfants à la plage. Une fois sur le sable, défaites les nœuds et vous aurez une serviette sur laquelle ils pourront jouer. Précieux dans toutes les occasions où nous avons besoin d'un sac et d'une serviette pour nous asseoir à l'extérieur, par exemple lors d'une journée au parc : *bento*, bouteille d'eau et livre. Ouvrez le *furoshiki*, asseyez-vous ou allongez-vous, profitez.

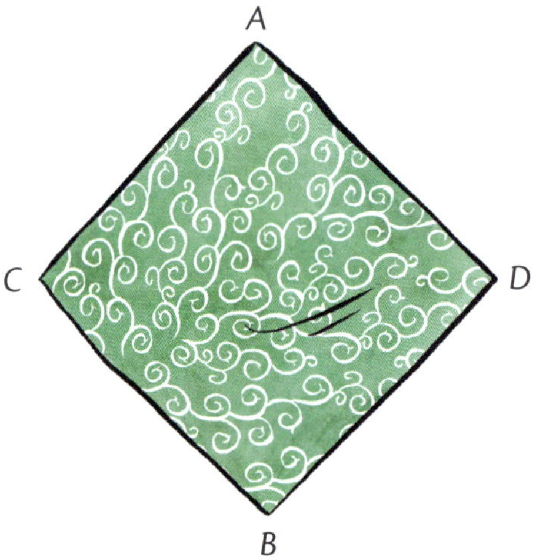

1. *Prenez le coin B et pliez-le sur le coin A…*

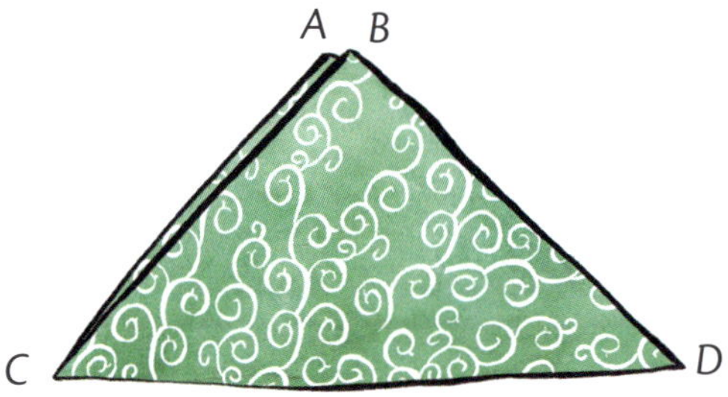

2. *… pour former un triangle.*

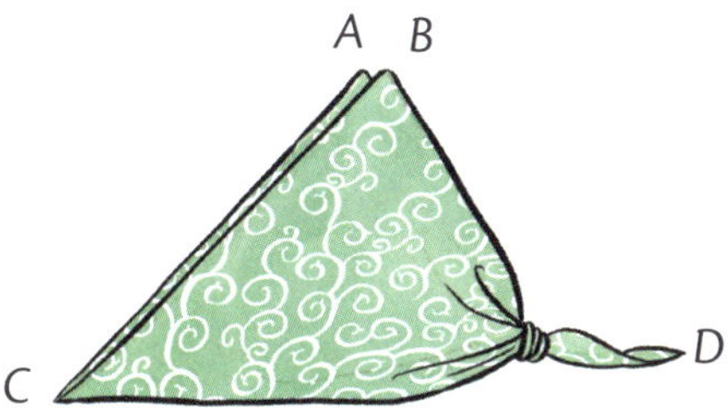

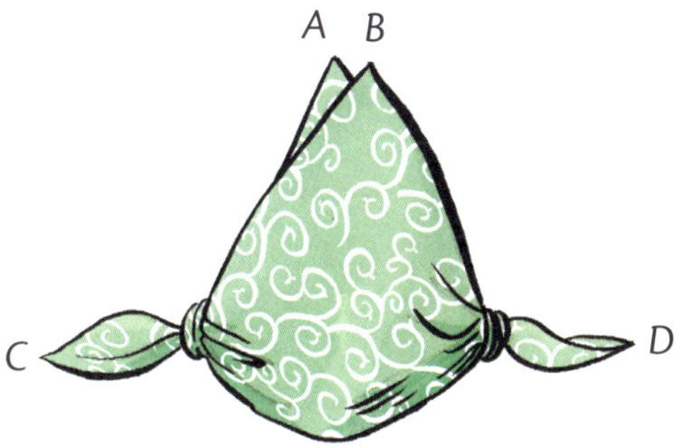

3. *Faites un nœud* hitotsu musubi *avec le coin D…*

4. *… et avec le coin C.*

5. *Prenez les deux nœuds faits avec les coins C et D et tournez-les à l'intérieur du* furoshiki.

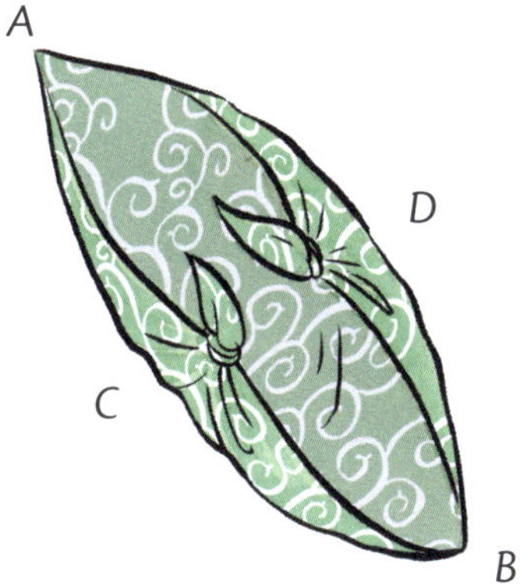

6. *Avec les deux coins restants (A et B), formez un nœud* ma musubi. *Le sac est terminé, vous pouvez le porter au poignet ou en bandoulière.*

SAC ÉCO

TESAGE BUKURO

手提げ袋

C'est un autre sac pratique, qui peut être fabriqué à partir d'un tissu plus petit que le modèle précédent *katakake bukuro*, voire de la taille d'une écharpe. Si vous êtes en déplacement et que vous vous arrêtez dans un magasin à l'improviste, au lieu de transporter vos achats dans un sac en plastique, vous pouvez les rassembler dans votre foulard, transformé en un petit sac mignon assorti à votre tenue. La variante peut être utilisée comme un petit sac pour les cadeaux tels que *l'omiyage* et le *temiyage*.

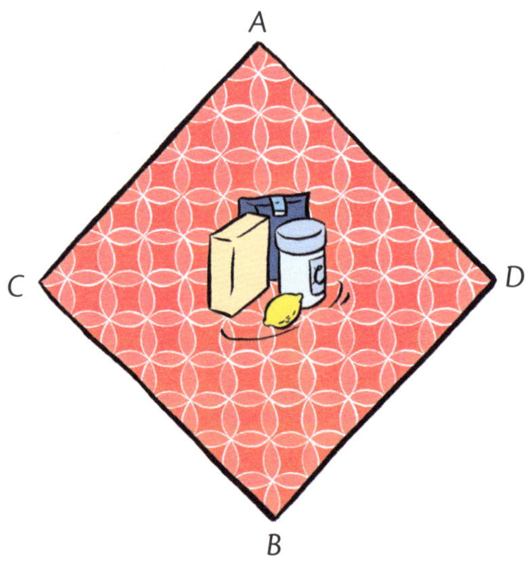

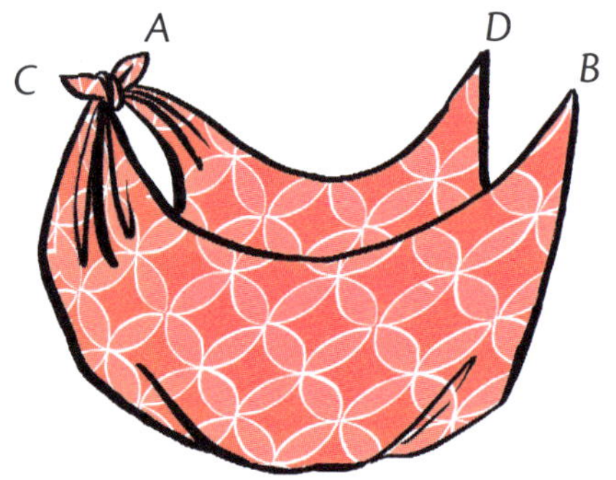

1. *Placez les objets à transporter au milieu du tissu, positionné en losange.*

2. *Prenez les coins A et C et nouez-les ensemble.*

3. *Prenez également les coins B et D et nouez-les. Maintenant que les deux poignées sont formées, le sac est terminé.*

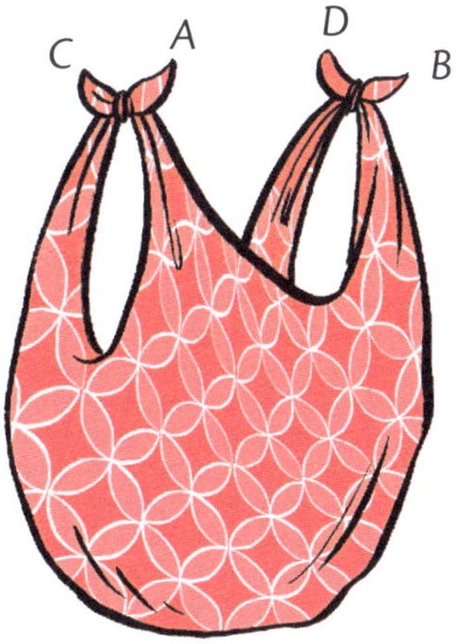

VARIANTE

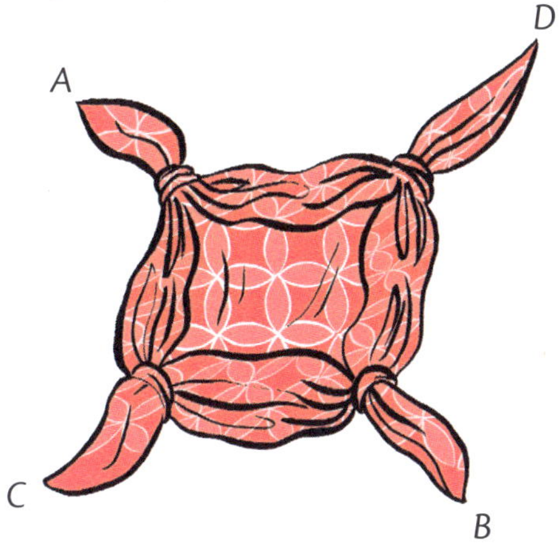

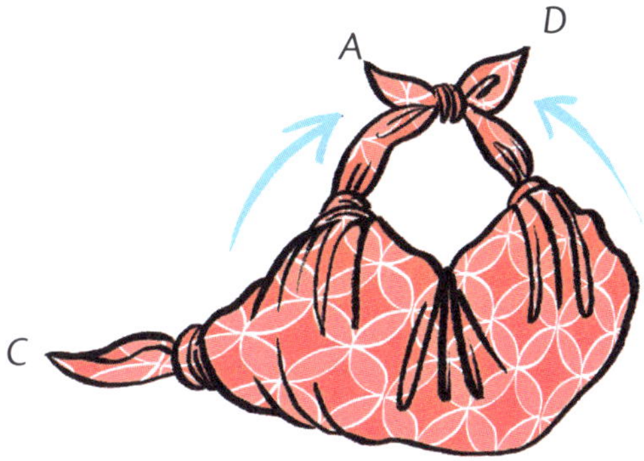

2. *Après l'étape 1, faites un nœud* hitotsu musubi *avec chaque coin.*

3. *Prenez les coins côte à côte, deux par deux (A et D, B et C), et nouez-les ensemble à l'extrémité des pointes.*

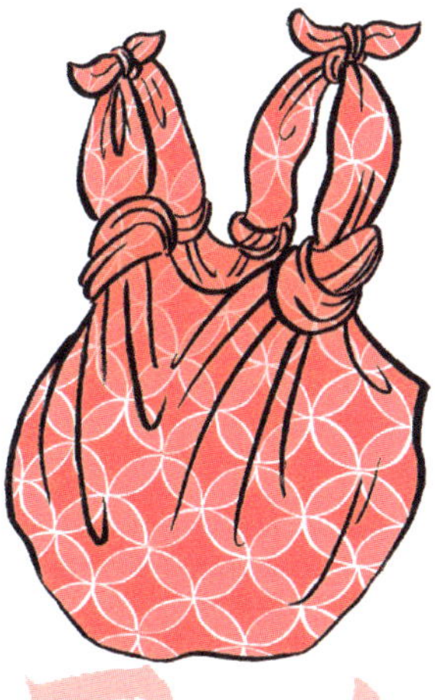

4. *Vous disposez ainsi d'un petit sac avec des poignées.*

手提げ袋

SAC ÉCO

HANDORU BUKURO

ハンドル袋

Il s'agit sans aucun doute du sac *furoshiki* le plus connu, le plus utilisé et le plus photographié, tout comme l'*otsukai tsutsumi* est le paquet *furoshiki* le plus connu et le plus photographié. Au Japon, vous pouvez trouver des packs de poignées de différentes tailles et un ou plusieurs *furoshiki* avec des impressions et des décorations différentes, de sorte que, avec une paire de poignées interchangeable, vous pouvez créer plusieurs sacs à combiner avec plusieurs kimonos. Avec des *furoshiki* teints ou décorés à la main, vous aurez des sacs à main uniques.
Pour un petit sac à main, un carré de 70 x 70 cm est parfait, si vous préférez un plus grand, mieux vaut 90 x 90 cm, mais, comme toujours, expérimentez pour trouver votre taille idéale.

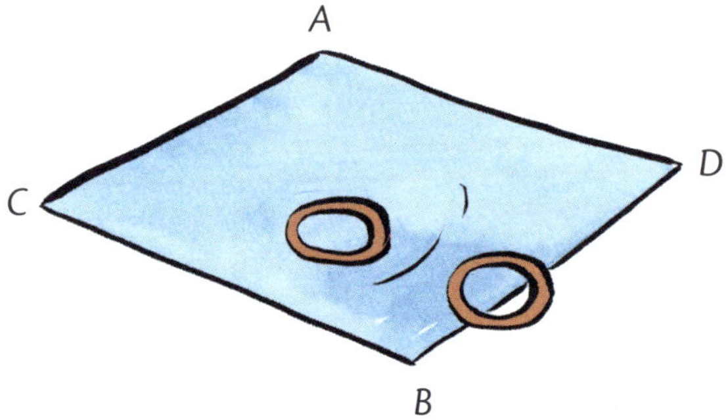

1. *Disposez le* furoshiki *en diagonale et gardez les deux poignées circulaires à portée de main. Vous pouvez également fabriquer le sac avec des poignées de différentes formes.*

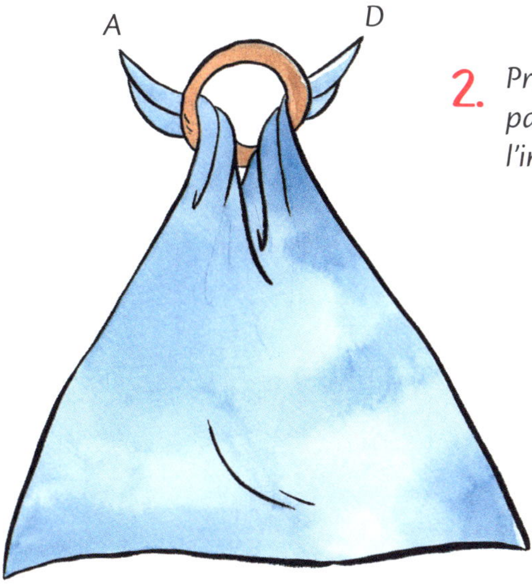

2. *Prenez la première poignée et faites-y passer le coin A et le coin D de l'intérieur vers l'extérieur.*

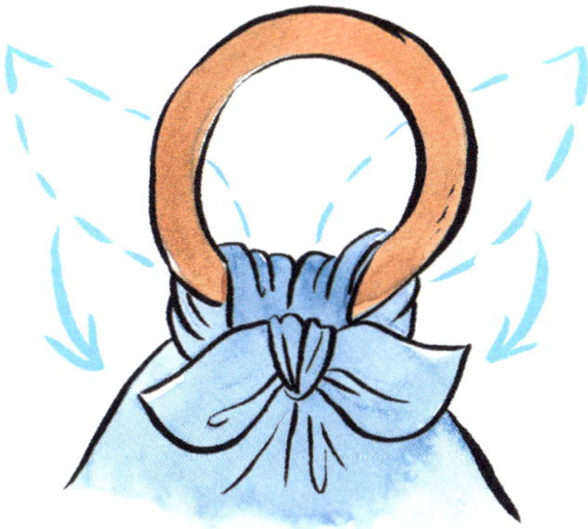

3. *Ramenez les deux coins vers l'avant depuis l'extérieur et réunissez-les avec un nœud* ma musubi.

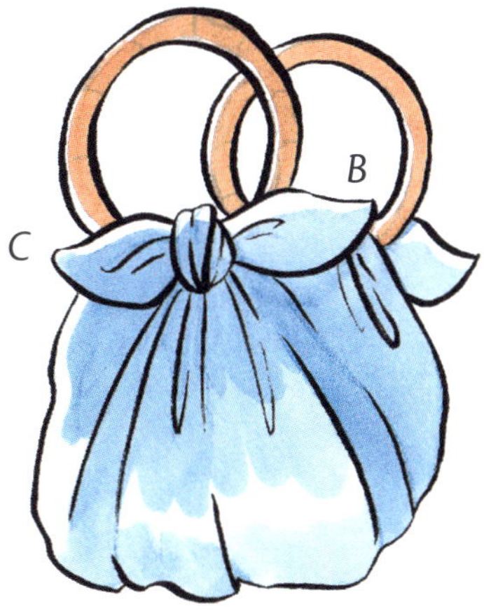

4. *Répétez l'opération avec les coins C et B.*

5. *C'est un modèle de sac qui peut être élégant mais aussi d'allure décontractée, s'il est réalisé dans un tissu rayé coloré.*

SAC À DOS BAKKU PAKKU

バックパック

Pour finir, un *furoshiki* qui se transforme en sac à dos !
Il est très pratique lorsque vous êtes en déplacement et que vous ne voulez pas porter un sac à main, mais aussi pour les enfants qui veulent apporter leurs jouets au parc ou chez leurs amis. C'est aussi un excellent moyen de leur donner l'occasion de créer quelque chose. Si vous choisissez des *furoshiki* différents, vous aurez toujours l'impression d'avoir un nouveau sac à dos.

1. *Prenez deux* furoshiki *de deux tailles différentes.*

2. *Commencez par le plus grand* furoshiki *: joignez le coin A au coin B avec un nœud simple.*

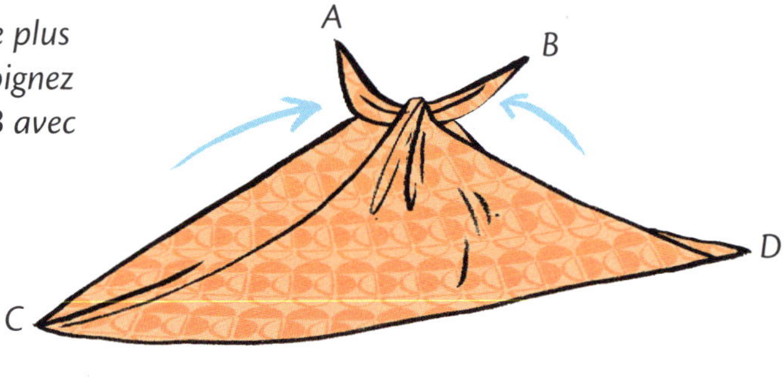

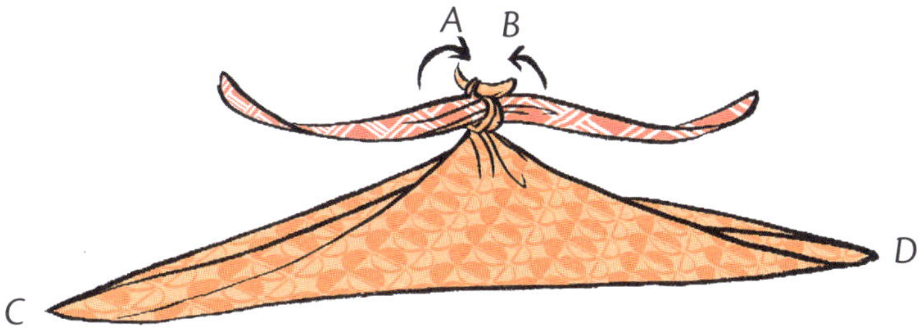

3. *Prenez ensuite le plus petit* furoshiki *et pliez-le en une bande, que vous positionnerez de manière que son centre se trouve au milieu du nœud simple que vous venez de former. Prenez les coins A et B et faites un second nœud pour fixer la bande de tissu.*

4. *Nouez les deux extrémités de la bande aux coins C et D.*

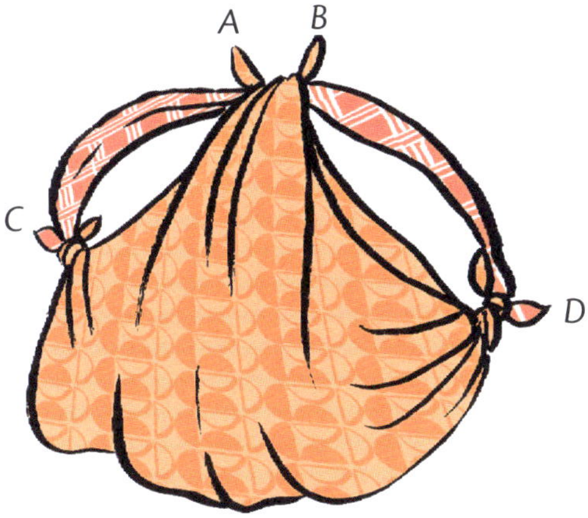

5. *Le sac à dos est terminé : les deux parties de la bande de tissu feront office de bretelles du sac à dos.*

バックパック

INDEX ALPHABÉTIQUE DES FUROSHIKI

風呂敷

STEFANO GRIMELLI est coach en désencombrement (« *decluttering* »), organisation et bien-être chez soi. Pour lui, la maison est une émanation directe de la personne qui l'habite, d'où l'importance et la nécessité de ranger, de réorganiser et de nettoyer son environnement pour créer un cercle vertueux de bien-être. Il est inspiré par les philosophies orientales, notamment zen et feng shui.

風
呂
敷